PENSIONNAT

DES DAMES RELIGIEUSES DE LA CROIX.

NOTIONS

DE

COSMOGRAPHIE

A L'USAGE

DES ÉLÈVES DE LA 1re CLASSE.

SAINT-QUENTIN

IMPRIMERIE DOLOY ET PENET AINÉ, RUE SAINT-JACQUES, 2.

1865

PENSIONNAT

DES DAMES RELIGIEUSES DE LA CROIX.

NOTIONS

DE

COSMOGRAPHIE

A L'USAGE

DES ÉLÈVES DE LA 1re CLASSE.

SAINT-QUENTIN

IMPRIMERIE DOLOY ET PENET AINÉ, RUE SAINT-JACQUES, 2.

1865

COSMOGRAPHIE

NOTIONS PRÉLIMINAIRES.

La *Cosmographie* a pour objet l'étude des corps célestes; elle s'occupe du système général de l'Univers, et nous fait connaître les divers rapports de la Terre avec le reste du monde physique.

Quel est l'objet de la Cosmographie?

On appelle *Système du Monde*, l'arrangement de tous les corps célestes qui composent l'Univers, présentés suivant leur véritable situation relative, et l'ordre dans lequel ils se meuvent dans l'espace immense qui les embrasse. Il donne le moyen d'expliquer facilement les révolutions des astres et les phénomènes qui en résultent.

Qu'appelle-t-on Système du Monde?

L'*Univers* est l'ensemble de tout ce qui existe, et l'espace immense dans lequel est disséminée la multitude innombrable des corps célestes, est appelé *Ciel* ou *Firmament*.

Qu'est-ce que l'Univers?

Le Soleil, la Lune et les Etoiles qui décorent le Firmament avec tant d'éclat, les uns pendant le jour, les autres pendant la nuit, ont reçu le nom commun d'*Astres*.

Qu'appelle-t-on Astres, et comment les divise-t-on?

Les Astres ou corps célestes se divisent en deux classes : les *Astres fixes* et les *Astres errants ;* cette dernière classe forme le *Système Solaire* ou *Planétaire* auquel la Terre appartient.

ASPECT DU CIEL.

Donnez une idée générale de l'aspect du Ciel. Qu'est-ce que l'Horizon?

Lorsque par une nuit sans nuages, nous nous plaçons au milieu d'une vaste plaine, de manière que rien ne gêne notre vue, le Ciel nous paraît, au-dessus de nos têtes, comme une demi-sphère creuse, appuyée sur un cercle qui est une partie de la surface de la Terre. Ce cercle, qui paraît comme la limite commune, ou l'intersection de la Terre et du Ciel, s'appelle *Horizon*, c'est-à-dire *Terminateur*, parce qu'il borne notre vue.

Que remarque-t-on en suivant la marche des étoiles?

Si nous suivons la marche des étoiles, nous verrons que d'un côté de l'horizon les étoiles semblent monter ; tandis que de l'autre, elles semblent descendre ; que des étoiles que l'on ne voyait pas se montrent à l'horizon du premier côté, et que de l'autre côté, celles que l'on voyait disparaissent au-dessous de ce plan.

Le mouvement de ces astres est uniforme : ils décrivent dans le même sens et dans le même temps des cercles dont tous les plans sont parallèles entre eux.

Pour la plus grande facilité des explications, les astronomes représentent le Ciel comme la Terre sous une forme ronde ou à peu près, nommée *Sphère*, et, pour faire mieux comprendre les mouvements du Ciel, ils ont composé diverses machines propres à les rendre sensibles.

Comment les astronomes représentent-ils le Ciel et la Terre?

DE LA SPHÈRE.

On entend en général par *Sphère*, *Globe* ou *Boule*, un corps solide terminé par une surface courbe dont tous les points sont à une égale distance d'un point intérieur qu'on nomme *centre*.

Qu'est-ce que la Sphère?

On distingue trois sortes de Sphères: la Sphère *Artificielle*, la Sphère *Terrestre* et la Sphère *Céleste*.

Combien distingue-t-on de sortes de Sphères?

La Sphère *Artificielle* ou *Armillaire* est une machine composée de plusieurs cercles évidés qui figurent ceux qu'on imagine tracés dans le Ciel. Au milieu est une petite boule représentant la Terre.

Qu'est-ce que la Sphère Artificielle ou Armillaire?

Cette Sphère représente le mouvement apparent des astres. Elle repose sur le système de Ptolémée, généralement abandonné aujourd'hui, et, bien qu'on ait construit des machines basées sur les mouvements vrais, on continue de se servir de la Sphère Armillaire parce qu'elle est fort simple, et que le mouvement apparent étant bien compris, il est facile de rétablir le mouvement vrai. D'ailleurs, les noms des différentes parties de la Sphère Armillaire

Que représente-t-elle?

étant consacrés par l'usage, la connaissance en est indispensable pour l'étude de la Cosmographie.

Qu'est-ce que le Globe Terrestre?

Le *Globe Terrestre* est une boule sur laquelle sont tracés les terres et les mers avec les principaux cercles de la Sphère.

Qu'est-ce que le Globe Céleste?

Le *Globe Céleste* est une boule sur laquelle sont figurés les étoiles fixes également avec les principaux cercles de la Sphère.

Qu'est-ce qu'un Cercle?

Un *Cercle* est une surface plane renfermée par une ligne courbe qu'on appelle *Circonférence*, et dont tous les points sont à une égale distance d'un point intérieur qu'on nomme *Centre*.

Comment divise-t-on la circonférence du Cercle?

Toute circonférence du cercle, grande ou petite, se divise en 360 parties égales (Fig. 1) que l'on nomme *degrés;* chaque degré, en 60 parties égales appelées *minutes;* chaque minute, en 60 parties égales appelées *secondes*, etc. Les degrés s'indiquent par ce signe (°), les minutes par (') et les secondes par ("). Ainsi 45 degrés, 20 minutes, 30 secondes s'écrivent ainsi: 45° 20' 30".

CERCLES & POINTS

DE LA SPHÈRE ARTIFICIELLE ET DES GLOBES.

Pour déterminer exactement la position des différents points du Globe Terrestre et leurs rapports avec les autres corps célestes au milieu desquels la Terre, comme astre errant, exécute ses deux mouvements principaux, on a imaginé des lignes, des points et des cercles tracés sur la Sphère. Ce ne sont pas des éléments physiques, mais de simples indications pour faciliter à l'astronome le moyen de se reconnaître dans ses observations.

Qu'appelle-t-on Axe et Pôles Terrestres?

L'*Axe terrestre* est la ligne imaginaire qu'on suppose passer par le centre de la Terre, et autour de laquelle elle exécute son mouvement de rotation. Les deux extrémités de cet axe s'appellent *Pôles terrestres*. Le pôle qui se trouve dans la partie de la Terre où la France est située se nomme *Pôle Boréal, Septentrional, Arctique* ou *Nord*. Près du pôle est une étoile assez brillante qui sert à le distinguer. Placée à 1° 1/2 du pôle, elle paraît immobile et est appelée *Etoile Polaire*. Le pôle qui se trouve dans la partie opposée se nomme *Pôle Austral, Méridional, Antarctique* ou *Sud*.

Qu'appelle-t-on Axe du monde, Pôles du monde?

On appelle *Axe du monde, Pôles du monde*, l'axe et les pôles de la Sphère céleste. En réalité, l'axe terrestre est la ligne sur laquelle la Terre opère sa rotation quotidienne. L'axe du monde n'est que cette ligne prolongée en dehors de la Terre de part et d'autre jusqu'à une distance indéfinie.

Dans la Sphère Armillaire, l'axe est une tige de métal qui la traverse en passant par le centre de la petite boule qui représente la Terre, et les pôles sont les extrémités de cette ligne.

Combien compte-t-on de cercles dans la Sphère ?

On compte dans la Sphère dix cercles : six grands et quatre petits. Les grands cercles sont ceux qui partagent la Sphère en deux parties égales et qui ont le même centre que la Terre ; ce sont : l'*Equaquateur*, le *Méridien*, l'*Horizon*, l'*Ecliptique* et les deux *colures*. Les petits cercles sont ceux qui partagent la Sphère en deux parties inégales ou qui ont un centre différent de celui de la Terre ; ce sont : les deux *Tropiques* et les deux *cercles Polaires*.

Quels sont les principaux points de la Sphère ?

Les principaux points de la Sphère sont : les deux *Pôles*, les deux points des *Equinoxes*, les deux points des *Solstices* : le *Zénith* et le *Nadir* (Fig. 1), et les quatre *Points cardinaux*.

Qu'est ce que l'Equateur ?

L'*Equateur* est un grand cercle également éloigné des deux pôles dans tous ses points ; il divise la Sphère en deux parties égales que l'on nomme *Hémisphères*, l'un, au Nord, est appelé *Hémisphère Septentrional*, l'autre, au Sud, est appelé *Hémisphère Méridional*. Ils ont respectivement pour centre le pôle Nord et le pôle Sud.

Ce cercle s'appelle aussi *Ligne Equinoxiale* parce qu'il y a équinoxe, c'est-à-dire égalité de jours et de nuits pour toute la terre, quand le Soleil arrive à ce cercle deux fois l'année : le 21 mars et le 23 septembre.

Sur le Globe, l'Equateur est divisé en **360** degrés indiqués par des chiffres placés de dix en dix ou de quinze en quinze degrés de l'Ouest à l'Est, en partant d'un premier méridien où est placé **0°**. L'intervalle de quinze degrés répond à une heure de temps.

Comment est divisé l'Equateur?

Le *Méridien* (Fig. 2) est un grand cercle qui passe par les pôles, et dont le plan est perpendiculaire à l'Equateur, il partage la Terre en deux *Hémisphères*, l'un *Oriental*, l'autre *Occidental*. On le nomme *Méridien* parce qu'il est midi quand le Soleil est parvenu à ce cercle, et minuit pour le côté opposé. De là la distinction entre le Méridien *supérieur* relatif à midi et le Méridien *inférieur* relatif à minuit.

Qu'est-ce que le Méridien?

On peut tracer sur la Sphère autant de méridiens que l'on veut; tous passent par les pôles; mais, pour pouvoir distinguer l'hémisphère oriental de l'hémisphère occidental, on est obligé de prendre pour premier méridien un méridien de convention. Chaque nation adopte généralement celui qui passe par l'Observatoire de sa capitale.

Combien peut-on tracer de Méridiens sur la Sphère?

On distingue deux espèces d'horizon: l'*Horizon rationel* et l'*Horizon visuel*.

Combien distingue-t-on d'horizons?

L'*Horizon rationel* (Fig. 1) est un grand cercle qui divise la Sphère en deux parties égales: l'une visible, appelée hémisphère *supérieur*, a l'observateur pour centre; l'autre invisible est appelée hémisphère *inférieur*. Ce cercle sert à marquer ce que nous appelons le lever et le coucher des astres. Nous disons

Qu'est-ce que l'Horizon rationel?

que le Soleil se lève lorsqu'il commence à paraître au-dessus de l'horizon ; qu'il se couche dès qu'il disparaît au-dessous de ce cercle, et qu'il est au méridien lorsqu'il est à une égale distance du point où il se lève et du point où il se couche.

Qu'est-ce que l'Horizon visuel ?

L'*Horizon sensible* ou ***visuel*** (Fig. 1) est parallèle au premier ; c'est le cercle qui borne notre vue sur la Terre et dont nous occupons toujours le centre.

Pour avoir une idée sensible de l'horizon visuel, il faut se placer sur quelque lieu élevé de manière que rien ne gêne la vue, alors on voit le Ciel comme une demi Sphère creuse : c'est l'horizon *Céleste*, et la partie de la Terre où l'on est placé et que l'on aperçoit en même temps est l'horizon *Terrestre*.

Comme l'on change d'horizon à mesure que l'on change de position sur le Globe, on peut compter une infinité d'hémisphères supérieurs et d'hémisphères inférieurs.

Qu'est-ce que l'Ecliptique ?

L'*Ecliptique* (Fig. 2) est un grand cercle qui coupe obliquement l'Equateur et forme avec ce cercle un angle de 23° 28' ; c'est le cercle que le Soleil paraît décrire chaque année dans son mouvement propre.

Quand avons-nous le printemps et l'été ?

Quand le Soleil se trouve dans la partie qui est au Nord de l'Equateur, nous avons en France le printemps et l'été. Il parcourt cette partie de l'Ecliptique depuis le 21 mars jusqu'au 21 septembre ; il traverse ensuite l'Equateur et passe dans la partie méridionale de l'Écliptique qu'il parcourt depuis le 21 septembre jusqu'au 21 mars suivant, et nous avons l'automne et l'hiver.

Comme ce n'est pas le Soleil mais la Terre qui se déplace, l'Écliptique est en réalité l'orbite de la Terre, c'est-à-dire l'ellipse qu'elle décrit dans son mouvement de translation autour du Soleil.

On appelle *Ellipse* une ligne courbe d'une forme ovale qui a un centre comme le cercle, mais des diamètres inégaux. Le plus petit de ces diamètres s'appelle le *petit axe;* il est perpendiculaire au plus grand qu'on appelle le *grand axe*. Sur ce grand axe se trouvent deux points également éloignés du centre; on les appelle les *foyers* de l'Ellipse. Fig. 3. Qu'appelle-t-on Ellipse?

L'*Écliptique* est au milieu d'une large bande d'environ 17° qu'on appelle *Zodiaque;* ce nom vient d'un mot grec qui signifie *animal*[1], parce que les douze constellations ou groupes d'étoiles qui y sont renfermées portent presque toutes des noms d'animaux. Ces constellations ont servi à partager la circonférence du cercle du Zodiaque en 12 parties de 30 degrés chacune; et l'on a réuni les étoiles qui se trouvent dans chacune de ces parties sous diverses figures que l'on nomme *Signes du Zodiaque*. On a donné aux signes les mêmes noms qu'aux constellations qui y répondaient lorsqu'on a formé le Zodiaque. A cette époque les signes du Zodiaque répondaient aux constellations du même nom; main- Où est situé l'Écliptique? Qu'appelle-t-on Zodiaque?

tenant ils sont en retard de trente degrés sur chacune d'elles.

Qu'appelle-t-on mois et saison?

On appelle *mois* le temps que le Soleil, dans son mouvement apparent, met à parcourir chacun des douze signes du Zodiaque, et l'on appelle *saison* le temps que le Soleil met à parcourir trois signes.

Dans les Globes, les signes sont marqués à côté des degrés de l'Ecliptique auxquels ils correspondent; on doit aussi ne pas confondre les signes du Zodiaque avec les constellations du même nom.

Comment appelle-t-on les constellations du Nord?

Les six constellations au Nord de l'Equateur céleste sont appelées *Signes Septentrionaux*, ce sont:

POUR LE PRINTEMPS:

♈ Le *Bélier*, au 21 mars.
♉ Le *Taureau*, au 21 avril.
♊ Les *Gémeaux*, au 21 mai.

POUR L'ÉTÉ:

♋ Le *Cancer* ou *Ecrevisse*, au 21 juin.
♌ Le *Lion*, au 21 juillet.
♍ La *Vierge*, au 21 août.

Comment appelle-t-on les constellations du Sud?

Les six constellations au Sud de l'Equateur céleste sont appelées *Signes Méridionaux*, ce sont:

POUR L'AUTOMNE:

♎ La *Balance*, au 21 septembre.

♏	Le *Scorpion*,	au 21 octobre.
♐	Le *Sagittaire*,	au 21 novembre.

Pour l'Hiver.

♑	Le *Capricorne*,	au 21 décembre.
♒	Le *Verseau*,	au 21 janvier.
♓	Les *Poissons*,	au 21 février.

MARCHE APPARENTE DU SOLEIL

DANS L'ÉCLIPTIQUE.

Quelle est la marche apparente du Soleil dans l'Écliptique?

Lorsque le Soleil nous paraît dans le plan de l'Equateur, ce qui arrive au 21 mars, il décrit l'Equateur en 24 heures, se lève avec le signe du Bélier, c'est le printemps qui commence pour notre hémisphère; à partir du 21 mars, le Soleil en parcourant les signes du Bélier, du Taureau, des Gémeaux, s'éloigne peu à peu de l'Equateur en suivant une marche oblique; il décrit successivement des parallèles à l'Equateur jusqu'à ce qu'il soit à 23° 28' de ce cercle; alors il paraît s'arrêter; cela a lieu le 21 juin; lorsqu'il se trouve au signe du Cancer, notre été commence.

A partir de ce jour le Soleil retourne vers l'Equateur en décrivant des parallèles qu'il a déjà décrits. Il traverse les signes du Cancer, du Lion et de la

Vierge, et se trouve de nouveau à l'Equateur. L'été finit, l'automne commence.

Quels sont les signes que le Soleil décrit à l'automne et à l'hiver ?

Après le 21 septembre, le Soleil s'éloigne de l'Equateur, en s'avançant vers le pôle Austral et décrivant successivement des parallèles à l'Equateur dans l'autre hémisphère, il traverse le signe de la Balance, du Scorpion, du Sagittaire, et arrive au signe du Capricorne situé à 23° 28' de l'Equateur, ce qui a lieu le 21 décembre. Il semble s'arrêter; les peuples de l'hémisphère Austral ont alors leur été pendant que nous avons notre hiver.

En revenant vers l'Equateur, le Soleil traverse le Capricorne, le Verseau, les Poissons et se retrouve à l'Equateur au signe du Bélier, le 21 mars, après avoir décrit tout l'Ecliptique et accompli une révolution annuelle que nous appelons *année tropique*.

Qu'appelle-t-on signes ascendants et signes descendants ?

Les signes, depuis le Capricorne jusqu'au Cancer, se nomment *signes ascendants*, parce qu'en les traversant, le Soleil s'élève par rapport à nous. Les autres signes se nomment *signes descendants*, parce qu'en les traversant le Soleil s'éloigne de notre hémisphère.

Est-ce le Soleil ou la Terre qui se déplace?

Il est nécessaire de ne pas confondre la marche apparente du Soleil avec la réalité. Ce n'est pas le Soleil qui se déplace, mais bien la Terre qui traverse l'Ecliptique; et c'est le mouvement réel de la Terre qui produit l'apparence du mouvement du Soleil. La Terre traverse les signes en sens inverse de la marche apparente du Soleil ; ainsi quand le Soleil est au signe du Cancer, la Terre est au signe du Capricorne.

La Terre traverse les douze signes du Zodiaque, en accomplissant sur son axe 365 révolutions entières et la 366e est déjà commencée quand elle arrive au signe du Bélier.

Les *Colures* sont deux grands cercles qui passent par les pôles, et n'ont guère d'autre usage que de maintenir les diverses parties de la Sphère Armillaire. L'un est appelé *Colure des Solstices* parce qu'il coupe l'Ecliptique aux points des Solstices, c'est-à-dire au premier degré du Cancer et au premier degré du Capricorne. L'autre est appelé *Colure des Equinoxes* parce qu'il coupe l'Ecliptique aux points des équinoxes, c'est-à-dire au premier degré du Bélier et de la Balance. Qu'appelle-t-on Colures ?

Les *Tropiques* sont deux petits cercles parallèles à l'Equateur dont ils sont éloignés de 23° 28' dans tous leurs points. Ils doivent leur nom à un mot grec qui signifie *retour*, car lorsque le Soleil y est arrivé, il semble ne pouvoir les dépasser et revient vers l'Equateur, c'est ce qui fait dire qu'ils servent de limites au Soleil. Qu'est-ce que les Tropiques ?

Le Tropique qui se trouve dans notre hémisphère se nomme *Tropique du Cancer* parce qu'il touche l'Ecliptique au premier degré du Cancer ; il marque notre solstice d'été. Celui qui est dans l'hémisphère

Austral s'appelle *Tropique du Capricorne*, il touche l'Ecliptique au premier degré du Capricorne, il marque notre solstice d'hiver.

Où sont situés les cercles polaires?

Les *cercles polaires* sont de petits cercles parallèles aux Tropiques, et qui sont éloignés des pôles de **23° 28'**. Celui qui est dans l'hémisphère boréal se nomme *cercle polaire Arctique*, et celui qui est dans l'hémisphère austral se nomme *cercle polaire Antarctique*.

Qu'appelle-t-on points des Equinoxes?

Les *points des Equinoxes* (Fig. 2) sont les deux points où l'Ecliptique coupe l'Equateur. Quand le Soleil y arrive les jours sont égaux aux nuits.

Qu'appelle-t-on points des Solstices?

Les points des *Solstices* (Fig. 2) sont les points de l'Ecliptique qui touchent les Tropiques. Quand le Soleil y arrive, il nous donne les plus courts ou les plus longs jours de l'année.

Les équinoxes et les solstices prennent leur nom de celui des saisons. On appelle *Equinoxe du Printemps*, celui où commence le printemps; *Solstice d'été*, celui où commence l'été.

Qu'appelle-t-on Zénith et Nadir?

Le *Zénith* (Fig. 1) est le point du Ciel le plus élevé, celui qui est au-dessus de notre tête; et le *Nadir* (Fig. 1) le point de dessous, diamétralement opposé au premier. *Zénith* vient d'un mot arabe qui signifie *supérieur*, et *Nadir* d'un autre mot arabe qui signifie *inférieur*. Ces deux points sont comme les deux pôles de l'horizon auquel ils servent de centre. On ne peut faire un pas sans changer de Zénith et de Nadir, et par conséquent d'horizon.

Les quatre points cardinaux sont : le ***Nord*** ou ***Septentrion*** ou *point boréal*, le *Midi* ou *Sud* ou *point austral*, l'*Orient* ou *Est* ou *Levant*, l'*Occident* ou *Est* ou *Couchant*. Ces points sont à une égale distance les uns des autres.

Qu'appelle-t-on points cardinaux?

Il y a encore quatre points collatéraux, le ***Nord-Est***, le ***Sud-Est***, le ***Nord-Ouest*** et le ***Sud-Ouest***, huit points intermédiaires et seize points marins. La figure d'une étoile avec trente-deux rayons qui représentent les trente-deux aires de vent, forme ce qu'on appelle la *rose des vents*. Pourvue d'une aiguille aimantée qui se dirige vers le Nord, on la nomme ***boussole*** et en termes de marine ***compas***. (Fig. 4.)

Quels sont les points collatéraux?

DIFFÉRENTES POSITIONS DE LA SPHÈRE.

L'inégalité des jours et la différence des saisons pour les habitants de la Terre, résultent des positions différentes qu'ils occupent sur sa surface. Elles se réduisent à trois principales : un observateur peut se trouver au Pôle, à l'Equateur ou entre l'Equateur et le Pôle.

De quoi résultent l'inégalité des jours et la différence des saisons?

Quand un observateur est au Pôle, le plan de son horizon est parallèle à l'Equateur, et l'on dit de l'ob-

Qu'est-ce qui produit les différentes sortes de Sphères?

servateur qu'il a la *Sphère parallèle.* Quand il se trouve sur l'Equateur, le plan de son horizon est perpendiculaire au plan de l'Equateur, on dit qu'il a la *Sphère droite.* Quand l'observateur se trouve entre l'Equateur et le Pôle, le plan de l'horizon coupe celui de l'Equateur sous un angle oblique, et l'on dit que l'observateur a la *Sphère oblique.*

On considère donc par rapport à la disposition des lieux, trois sortes de Sphères: la *Sphère parallèle*, la *Sphère droite* et la *Sphère oblique.*

SPHÈRE PARALLÈLE.

Quand la Sphère est-elle parallèle ?

La Sphère est parallèle lorsque l'axe est perpendiculaire sur l'horizon; alors ce dernier cercle se confond avec l'Equateur, et les Pôles deviennent le Zénith et le Nadir.

Quelle est la hauteur du Pôle ?

La hauteur du Pôle pour les peuples qui ont la sphère parallèle est de 90°. Ils voient toujours les mêmes étoiles; le plan de l'horizon leur cache les étoiles de l'autre hémisphère. Un observateur placé dans l'hémisphère boréal verrait le Soleil depuis le **21** mars jusqu'au **22** septembre; passé ce temps, le Soleil serait caché à ses yeux. Supposé qu'il y ait des peuples sous les pôles, ils n'auraient qu'un seul jour et une seule nuit l'un et l'autre de six mois.

SPHÈRE DROITE.

Quand la Sphère est-elle droite ?

La Sphère est droite lorsque les Pôles sont dans l'horizon. Les peuples qui habitent sur l'Equateur ont seuls la Sphère droite ; ils peuvent, dans l'espace de vingt-quatre heures, voir tous les astres du firmament. L'étoile polaire est constamment au Nord, près de l'horizon. Le Soleil passe deux fois par an à leur Zénith, le 21 mars et le 21 septembre, jours où il décrit l'Equateur ; les autres jours le Soleil est tantôt au Nord, tantôt au Sud. Au Nord, du 21 mars au 21 septembre ; au Sud, du 21 septembre au 21 mars. Ces peuples ont toute l'année des jours égaux aux nuits, abstraction faite des effets de la réfraction.

SPHÈRE OBLIQUE.

Quand la Sphère est-elle oblique ?

La Sphère est oblique lorsque l'horizon passe entre l'Equateur et les Pôles. Tous les habitants de la Terre compris entre les Pôles et l'Equateur ont la Sphère oblique ; d'autant plus oblique qu'ils sont plus près des Pôles. Ils ne peuvent voir qu'une partie des étoiles, et cette partie diminue à mesure qu'ils sont plus éloignés de l'Equateur. Les jours sont constamment inégaux aux nuits, si l'on en excepte l'époque des Equinoxes.

DES ZONES.

Qu'appelle-t-on Zone?

On appelle Zone une partie de Sphère comprise entre deux plans parallèles. Le Globe terrestre est divisé par les Tropiques et les Cercles polaires en cinq zones : une *torride* ou *brûlante*, deux *tempérées* et deux *froides* ou *glaciales*.

Où est située la zone torride?

La *zone torride* remplit l'espace compris entre les deux Tropiques, elle est divisée en deux parties égales par l'Equateur et a environ une étendue de 47° ou 525 myriamètres de largeur. Comme elle se trouve située sur la route que parcourt le Soleil en allant d'un Tropique à l'autre, il y fait une chaleur excessive.

Comment nomme-t-on les peuples qui habitent la Zone torride?

Les peuples qui habitent la zone *torride* ont deux fois par an le Soleil au Zénith, ce qui les a fait nommer *Asciens,* c'est-à-dire sans ombre. Dans les autres temps de l'année, leur ombre est projetée tantôt vers le Nord, tantôt vers le Sud ; on dit alors qu'ils sont *amphisciens*, c'est-à-dire à *deux ombres.*

Où sont situées les deux Zones tempérées?

Les deux *Zones tempérées* sont entre les Tropiques et les Cercles polaires. Les rayons du Soleil y sont toujours obliques, soit dans les plus grandes chaleurs, soit dans les plus grands froids. Chaque zone tempérée est de 43° 30' ou 480 myriamètres.

Les peuples qui habitent les zones tempérées sont appelés *Hétérosciens*, c'est-à-dire à *ombres différentes*, parce qu'à midi les peuples de la zone tempérée septentrionale ont leur ombre projetée vers le pôle Arctique et les peuples de la zone tempérée méridionale ont leur ombre projetée vers le pôle Antarctique.

Comment nomme-t-on les peuples qui habitent les Zones tempérées ?

Les deux *zones froides* ou *glaciales*, qui s'étendent entre chaque cercle polaire et le pôle correspondant, sont ainsi nommées parce que le froid y est excessif pendant la plus grande partie de l'année, à cause de l'extrême obliquité des rayons solaires et de la longueur des nuits. Chacune de ces zones a environ 23° 1/2 ou 260 myriamètres de largeur. Les habitants de ces zones sont appelés *Périsciens* parce que dans l'été leur ombre semble tourner autour d'eux.

Où sont situées les deux Zones glaciales?

Comment sont appelés les peuples qui les habitent ?

DES LONGITUDES & DES LATITUDES.

Les *longitudes* et les *latitudes* servent à déterminer la position des lieux sur la Terre.

A quoi servent les longitudes et les latitudes ?

On entend par *latitude* d'un lieu la distance qu'il y a de ce lieu à l'Equateur, mesurée sur le méridien de ce lieu et exprimée en degrés. La plus grande latitude possible est à 90° de l'Equateur, c'est-à-dire aux pôles qui sont les deux points du Globe ou de la Sphère les plus éloignés de l'Equa-

Qu'entend-on par latitude ?

teur. La latitude se compte en degrés, minutes et secondes; de 0 degré à 90 degrés, en allant de l'Equateur au pôle de l'hémisphère où ce lieu est situé.

Comment reconnait-on les latitudes?

On distingue les latitudes *Nord* ou *Septentrionales*, et les latitudes *Sud* ou *Méridionales*. Quand on dit, par exemple, que Saint-Quentin est à 49° 57' 27" de latitude Nord, cela signifie que cette ville est à 49° 57' 27" au nord de l'Equateur.

Qu'est-ce que la longitude?

La *longitude* d'un lieu est la distance qu'il y a de ce lieu à un méridien fixe qu'on nomme *premier méridien*. Cette distance se compte également en degrés. Le premier méridien n'est qu'un méridien ordinaire qu'on a choisi à volonté, et duquel on part pour compter les longitudes. Louis XIII avait ordonné qu'on prît pour la France, celui qui passe à l'île de Fer, l'une des Canaries. Ce méridien partageait parfaitement la Terre en deux hémisphères, l'un comprenait le Nouveau-Monde, et l'autre l'ancien. On comptait les longitudes d'Occident en Orient de 0° à 360°, en faisant ainsi le tour du Globe.

Quels sont les méridiens adoptés par les nations?

Depuis qu'on a abandonné le méridien de l'île de Fer, chaque nation a pris pour premier méridien celui qui passe par l'Observatoire de sa capitale. En France, on a pris celui qui passe par l'Observatoire de Paris; en Angleterre, celui qui passe par l'Observatoire de Greenwich. Alors la longitude se compte de 0 degré à 180 degrés seulement, tant à l'Est qu'à l'Ouest du premier méridien, et par suite, la longitude se distingue en *Orientale* et en *Occidentale*.

Il est facile de trouver les longitudes par rapport à un premier méridien quelconque, lorsqu'on connaît celles qui sont relatives à un autre premier méridien et en outre la distance de ces deux méridiens. Par exemple, le méridien de l'île de Fer est à 20° 30' de celui de Paris; il suffit de retrancher 20° 30' des longitudes comptées du méridien de l'île de Fer pour avoir les mêmes longitudes comptées du méridien de Paris, mais de 0 degré à 360 degrés. Le méridien de Greenwich étant de 2° 20' 24'' à l'ouest de celui de Paris, on réduira les longitudes anglaises en longitudes françaises en retranchant 2° 20' 24'' des premières pour les longitudes orientales. Ainsi, on dira que Saint-Quentin est à 21° 27' 25'' en comptant du méridien de l'île de Fer; à 0° 57' 25'' de celui de Paris; et à 3° 17' 49'' de celui de Greenwich.

Peut-on apprécier les longitudes d'un méridien par rapport à un autre méridien?

MOYEN DE DÉTERMINER LA LONGITUDE & LA LATITUDE.

Le Soleil semble faire le tour de la Terre en vingt-quatre heures; ainsi il parcourt 15° dans une heure et 1° en quatre minutes; c'est-à-dire que quand il est midi à Paris, il faut encore attendre une heure pour qu'il soit midi sur le méridien qui est à 15°

Comment peut-on déterminer la longitude d'un lieu par rapport aux heures?

plus à l'Ouest, tandis qu'il est déjà une heure à 15° plus à l'Est, et trois heures à 45°. Cette différence d'heures fait connaître la longitude d'un lieu. Si l'on voit par une éclipse ou par une montre marine, qui ne varie pas, qu'il est midi et 12 minutes dans le lieu où l'on se trouve, tandis qu'il est 8 heures du matin à Paris, c'est-à-dire 4 heures et 12 minutes de moins, en multipliant le nombre des heures par 15 et en divisant par 4 celui des minutes, on voit que ce lieu est à 63° de longitude orientale. La longitude serait occidentale si l'heure était moins avancée qu'à Paris. Ainsi, s'il est midi à Paris et 11 heures et 12 minutes à Lisbonne, on doit en conclure que la dernière de ces deux capitales est éloignée de l'autre de 12° de longitude occidentale.

Comment reconnaît-on les latitudes ?

On peut aisément reconnaître la latitude Nord d'un pays par la position de l'étoile polaire. Cette étoile qui est près du Zénith du pôle Nord, semble à peu près immobile dans le Ciel. Quand on est à l'Equateur, on la voit à l'horizon ; elle s'élève à mesure qu'on s'avance vers le Nord, de sorte qu'on la voit à 10°, à 20°, à 30° de hauteur lorsqu'on est à 10°, à 20°, à 30° de latitude, ainsi de suite.

Où sont marquées sur les Globes les longitudes et les latitudes ?

Sur les Globes et sur les Mappemondes, on marque les degrés de latitude sur le premier méridien, et les degrés de longitude sur l'Equateur. Sur les cartes, on marque les degrés de latitude à droite et à gauche du cadre, et les degrés de longitude au bord supérieur et au bord inférieur.

Les degrés de latitude sont-ils égaux?

Si la Terre était parfaitement sphérique, les degrés de latitude auraient la même longueur ; mais la Terre est aplatie vers les pôles, alors les méridiens ne sont pas circulaires, mais elliptiques ; il résulte de là que les degrés de latitude ne sont pas tout à fait égaux : ils sont un peu plus grands aux pôles. Dans la pratique on peut, sans erreur sensible, regarder les méridiens comme circulaires, et par conséquent les degrés de latitude comme égaux ; car un degré mesuré sur le cercle polaire ne surpasse que d'environ mille mètres un degré mesuré sur l'Equateur. La valeur moyenne d'un degré de latitude est d'environ **111** kilom. $^1/_9$. Si donc l'on veut connaître la distance d'un lieu quelconque à l'Equateur, il faut chercher le degré de latitude de ce lieu, et multiplier le nombre de degrés trouvés par **111** kilomètres.

Comment compte-t-on les longitudes?

Les longitudes d'un lieu terrestre se comptent toujours sur l'Equateur ; mais, tant qu'on ne veut pas les réduire en kilomètres, il importe peu de les compter sur l'Equateur ou sur un parallèle quelconque ; ces différents cercles étant partagés en **360** degrés à partir du méridien ; ainsi, pour connaître la longitude d'une lieu, il faut compter combien il y a de degrés entre le premier méridien et le méridien passant par ce lieu.

Comment obtient-on la distance d'un lieu par la longitude ?

Si l'on veut avoir la distance d'un lieu au premier méridien, on doit faire attention que la longueur réelle d'un degré de longitude qui est d'environ 111 kilomètres à l'Equateur, diminue ensuite en allant vers le Pôle où elle est nulle. Toutefois cette diminution n'est guère sensible que vers le 30e degré de latitude où le degré de longitude vaut encore 100 kilomètres. Mais il n'a plus que 70 kilomètres à Paris ou vers le 49e degré de longitude, 53 kilomètres vers le 60e degré, et 36 kilomètres vers le 70e degré et 1 kilomètre vers le 89e degré.

Au reste, toutes les cartes ont des échelles qui servent à trouver facilement, à l'aide d'un compas, la distance de deux points quelconques marqués sur la carte.

HABITANTS DE LA TERRE

COMPARÉS ENTRE EUX PAR RAPPORT A LEURS LONGITUDES ET A LEURS LATITUDES RESPECTIVES.

Comment nomme-t-on les habitants de la Terre par rapport à leurs longitudes et à leurs latitudes?

Les habitants de la Terre, par rapport à leurs longitudes et à leurs latitudes respectives, sont *Antéciens*, *Périéciens*, ou *Antipodes*.

Qu'appelle-t-on Antéciens ?

On nomme *Antéciens* les peuples qui se trouvent sous le même méridien, ayant la même longitude et la même latitude, les uns dans l'hémisphère septentrional, les autres dans l'hémisphère méridional; ils comptent les mêmes heures au même instant, mais ils ont les saisons opposées.

On nomme *Périéciens* les peuples qui ont la même latitude, mais qui sont éloignés de **180°** de longitude, c'est-à-dire que si l'un d'eux est sous le 51e degré de latitude Nord dans l'hémisphère oriental, l'autre est sous le **51e** degré dans l'hémisphère occidental. Les *Périéciens* ont les mêmes saisons, mais ils ont les heures opposées : l'un a midi quand l'autre a minuit. **Qu'appelle-t-on Périéciens?**

On nomme *Antipodes* les peuples qui habitent les deux extrémités d'un même diamètre terrestre, c'est-à-dire que si les uns sont dans le 40e degré de latitude Nord dans l'hémisphère oriental, les autres sont au 40e degré de latitude Sud dans l'hémisphère occidental. Ils ont les saisons et les heures opposées : les pieds des uns sont directement opposés aux pieds des autres. **Qu'appelle-t-on Antipodes?**

CLIMATS.

Dans la révolution de la Terre autour du Soleil, elle tourne dans l'espace d'une année 365 fois sur elle-même, et présente successivement toutes ses parties au Soleil ; ce mouvement s'exécute en 24 heures ; ce temps est ce que nous appelons le *jour*. Dans ce mouvement, une moitié du Globe est **Comment la Terre accomplit-elle sa révolution autour du Soleil?**

éclairée par le Soleil, l'autre est dans les ténèbres; la première a le jour proprement dit, l'autre a la nuit.

Le jour n'est pas à toutes les époques égal à la nuit; ce phénomène n'a lieu que deux fois par an, aux Equinoxes; dans les autres temps, le jour est plus long que la nuit, ou la nuit plus longue que le jour. Après l'équinoxe du printemps, les jours allongent et les nuits raccourcissent pour l'hémisphère boréal jusqu'au solstice d'été, puis les jours décroissent jusqu'à l'équinoxe d'automne, et le phénomène inverse a lieu dans les deux autres saisons; le plus long jour de notre hémisphère est au solstice d'été, et le plus court est au solstice d'hiver.

Comment les astronomes anciens avaient-ils divisé la Terre?

Pour apprécier toutes les variétés d'influence que le Soleil exerce sur la surface du Globe, les astronomes anciens avaient divisé la Terre en climats, d'après l'inégalité des jours. Ils avaient partagé l'espace compris entre l'Equateur et le Pôle en 30 parties dont 24 depuis l'Equateur jusqu'au Cercle Polaire et 6 depuis le Cercle Polaire jusqu'au Pôle.

Comment divise-t-on les climats?

Les 24 climats compris entre l'Equateur et le Cercle Polaire étaient appelés *Climats de demi-heures*, parce que la différence successive qu'il y avait entre les plus longs jours des pays situés sur chacun de ces cercles, était d'une demi-heure.

Les 6 climats compris entre le Cercle Polaire et le Pôle se nommaient *Climats de mois*, parce qu'entre les pays situés sur les limites de l'espace que chacun renfermait, la différence du plus long jour était d'un mois.

Cette division est aujourd'hui abandonnée, parce que les climats *Cosmographiques* ne permettent pas de déterminer d'une manière positive les climats *Physiques*, et d'apprécier les diverses températures qui règnent dans les différentes contrées du Globe, car indépendamment de l'influence du Soleil, il y a encore une infinité d'autres causes qui agissent sur l'atmosphère.

Cette division est-elle encore suivie?

Les principales sont : la température propre du Globe ; l'élévation du terrain au-dessus du niveau de l'Océan ; la pente générale du terrain et ses expositions locales ; la position de ses montagnes relativement aux points cardinaux ; le voisinage des grandes mers et leurs situations relatives ; la nature géologique du sol ; le degré de culture et de population auquel un pays est parvenu ; enfin les vents qui y règnent.

Quelles sont les principales causes qui agissent sur l'atmosphère?

Ces différentes causes peuvent modifier si extraordinairement la température, que dans la zone torride, sous l'Equateur, on trouve des pays qui jouissent de tous les avantages des zones tempérées, tandis que dans les zones tempérées, il y a des contrées presque inhabitables ; dans celles qui sont élevées, le froid est excessif, et dans d'autres, la chaleur n'est pas moins forte que dans la zone torride.

DES VENTS.

CAUSE GÉNÉRALE DES VENTS.

Que produit la différence de température à l'Equateur?

La différence de température à l'Equateur et aux Pôles, produit quatre grands courants d'air : deux courants d'air chaud qui vont de l'Equateur aux Pôles, dans les régions supérieures de l'atmosphère ; deux courants d'air froid, qui viennent au contraire des Pôles à l'Equateur, en suivant la surface de la terre. En effet, l'air échauffé à l'Equateur au contact du sol se dilate et s'élève dans les régions supérieures de l'atmosphère, pour se déverser vers les Pôles ; il se forme ainsi à l'Equateur un vide, que l'air froid des Pôles, plus dense, vient combler.

Démontrez-le par un exemple?

Ceci est un phénomène général : lorsque dans un espace quelconque, dans un appartement par exemple, une partie est échauffée tandis que l'autre est froide, on voit toujours s'établir deux courants d'air : un courant supérieur, de la partie chaude à la partie froide ; un courant inférieur, de la partie froide à la partie chaude.

Que produit la rotation de la terre autour de son axe?

Vents d'Est. — La rotation de la Terre autour de son axe, se combinant avec ces deux grands déplacements atmosphériques, produit les vents d'*Est* et d'*Ouest*. La Terre tourne de l'Ouest à l'Est. Les divers points de sa surface décrivant en un jour chacun le parallèle sur lequel il est situé, ont des vitesses inégales ; à l'Equateur, la vitesse est de 464 mètres par seconde, elle diminue à mesure qu'on s'éloigne de l'Equateur ; à 60° de latitude, à Saint-Pétersbourg, la vitesse est moitié de celle de l'Equateur ; au Pôle, elle est nulle. L'air froid qui vient du Pôle, en rasant le sol, a une vitesse moindre que celle des lieux dans lesquels il arrive. Le sol marche donc vers l'Est plus vite que l'air ; tout se passe comme si le sol étant immobile, l'air allait en sens contraire, de l'Est à l'Ouest avec une vitesse égale à la différence des deux vitesses. Le même phénomène se produit dans un grand nombre de circonstances ; en chemin de fer, par un temps calme, si l'on est monté sur les wagons, on éprouve la sensation d'un vent violent soufflant en sens contraire du mouvement du convoi. Ainsi s'expliquent les vents d'Est.

Qu'est ce qui produit les vents alizés et où règnent-ils?

Dans l'hémisphère boréal, le courant d'air froid allant du Nord au Sud et la rotation de la terre produisant une vitesse relative de l'Est à l'Ouest, on a un vent du *Nord-Est*. Dans l'hémisphère austral, le courant allant du Sud au Nord, on a un vent du Sud-Est. Ces deux vents inférieurs connus sous le nom de *vents alizés* règnent constamment entre les deux Tropiques, sur l'Océan atlantique et le grand Océan.

On a remarqué que dans ces mêmes contrées, les nuages élevés marchent en sens contraire, emportés par le courant supérieur. Entre la zone du vent alizé Nord-Est et celle du vent alizé Sud-Est, sur l'Equateur, il existe une région de calmes entremêlés de violents orages.

Comment se produisent les vents d'Ouest?

Vents d'Ouest. — Le courant d'air chaud qui va de l'Equateur au Pôle, après s'être refroidi dans les régions supérieures de l'atmosphère, devenu plus dense, s'abaisse vers le 30e degré de latitude. Ayant conservé à peu près la vitesse de rotation de l'Equateur, il va plus vite de l'Ouest à l'Est que le parallèle qu'il vient toucher; ce vent souffle donc de l'Ouest avec une vitesse égale à la différence des vitesses. Le courant d'air se transportant d'ailleurs du Sud au Nord dans notre hémisphère, il en résulte un vent du *Sud-Ouest* qui règne généralement dans l'Atlantique, et qui facilite le retour d'Amérique. Les paquebots à voiles qui font un service régulier entre Liverpool et New-York mettent quarante-trois jours en moyenne pour aller d'Europe en Amérique et vingt-trois seulement pour revenir.

Les grands courants atmosphériques dont nous venons de parler, ont pour effet de tempérer les climats: les courants d'air froid qui viennent des Pôles modèrent l'extrême chaleur de la zone torride; tandis que les courants d'air chaud qui, de l'Equateur, se déversent vers les Pôles, adoucissent la rigueur des zones glaciales.

On a constaté aussi dans la mer l'existence de grands courants qui agissent d'une manière analogue, transportant l'eau chaude vers les régions polaires et ramenant l'eau froide vers la zone torride.

N'a-t-on pas constaté dans la mer l'existence de grand courants?

Moussons. — Un grand nombre de circonstances locales produisent des vents qui ont une étendue plus ou moins grande. Ainsi, l'échauffement alternatif du continent de l'Asie et de la pointe méridionale de l'Afrique produit des vents appelés ***Moussons*** qui soufflent régulièrement dans la mer des Indes.

Qu'est-ce qui produit les vents appelés Moussons?

Quand le Soleil est vers le tropique boréal, il échauffe fortement les côtes et le continent de l'Asie, tandis que la pointe méridionale de l'Afrique est dans l'hiver. Il s'établit ainsi un courant inférieur du Cap à la presqu'île de l'Hindoustan ; c'est le mousson du ***Sud-Ouest*** dont profitent les marins pour aller dans l'Inde.

Comment s'établit le mousson du Sud-Ouest?

Quand le Soleil est vers le tropique austral, la pointe de l'Afrique étant fortement échauffée, le vent souffle en sens contraire; c'est le mousson du ***Nord-Est*** qui ramène les navires de l'Inde au Cap de Bonne-Espérance.

Comment arrive le mousson du Nord-Est?

Brises. — Sur les côtes, quand le temps est calme, il s'élève vers neuf heures du matin une brise de mer qui augmente jusqu'à trois heures de l'après-midi, puis elle faiblit pour céder la place à la brise de terre qui s'élève un peu après le coucher du Soleil. Le matin, le sol s'échauffant plus rapidement que la mer, l'air froid vient de la mer à la terre ; le

Où, et à quel moment s'élèvent les brises?

soir, au contraire, le sol se refroidit plus rapidement que la mer, et l'air froid souffle de la terre à la mer.

Quel est l'effet de ces brises alternatives?

Ces brises alternatives adoucissent le climat des îles et des côtes; aussi distingue-t-on les climats en *Continentaux* et *Marins*. Dans les premiers, la température éprouve de grandes variations; il fait très-froid en hiver, très-chaud en été; dans les derniers, au contraire, les variations sont peu considérables; il n'y a ni chaud ni froid excessifs.

Citez quelques exemples de températures moyennes?

Voici quelques exemples de température moyenne:

	Hiver.	Été.	Différence
Londres	+ 3° 22	+ 16° 75	13° 53
Paris	+ 3° 59	+ 18° 01	14° 42
Moscou	— 10° 32	+ 17° 55	27° 77
Vienne	+ 0° 18	+ 20° 36	20° 18
Iakousk (Sibérie)	— 38° 09	+ 17° 20	56° 01
Iles Féroe	+ 3° 09	+ 11° 06	6° 07

DES INSTRUMENTS D'ASTRONOMIE.

Comment les instruments d'astronomie peuvent-ils se diviser?

Les instruments d'astronomie peuvent se diviser en deux classes: les instruments d'optique qui servent à perfectionner la vision, et les horloges qui servent à mesurer le temps.

Les instruments d'optique comprennent les lunettes et les télescopes.

Quand fit-on la découverte des lunettes? De quoi se composent-elles?

La découverte des lunettes date de **1609**; jusqu'à cette époque les astronomes avaient fait usage de tubes dégarnis de verres.

Les lunettes astronomiques, en usage aujourd'hui pour observer les astres, sont formées d'un long tube portant à chacune de ses extrémités un verre, appelé lentille, qui a la forme d'un disque renflé au milieu et aminci sur les bords. Le plus grand de ces verres qui est tourné vers l'objet, se nomme l'*Objectif*; le second appelé l'*Oculaire*, beaucoup plus petit, est adapté à l'extrémité où doit se placer l'œil de l'observateur. Avec une bonne lunette astronomique, on peut obtenir un grossissement de **1,000** à **1,200** fois, mais les images des astres sont vues dans une position renversée.

Comment sont construits les Télescopes?

Les Télescopes ont une construction toute différente; c'est encore un long tube ouvert à l'extrémité tournée vers l'Astre, et portant vers l'autre extrémité deux miroirs concaves de métal, disposés de manière à renvoyer les rayons lumineux vers une loupe ou lentille grossissante à travers laquelle l'œil les reçoit. Le grossissement des images donné par le Télescope est très-considérable, les images sont vues dans leur position naturelle.

Quels procédés emploie-t-on pour mesurer le temps?

Pour connaître et fixer les divers intervalles de temps, on a successivement essayé plusieurs procédés plus ou moins parfaits. On n'eut pendant longtemps que des *Clepsydres* qui mesuraient le temps par l'écoulement du sable, de l'eau ou de quelqu'autre liquide. On leur substitua avec avantage les horloges à roues, mises en mouvement par un poids et susceptibles de plus de régularité.

Les lois du pendule, découvertes par Galilée, et surtout la loi d'Isochronisme ont donné à Huyghens l'idée d'appliquer le pendule aux horloges. Les oscillations régulières du pendule ont l'avantage précieux de régler les chutes successives du poids d'après des intervalles de temps parfaitement égaux.

Sans entrer ici dans l'explication du mécanisme des horloges, il suffira de savoir qu'on est parvenu à construire des horloges et des montres d'une telle précision, qu'elles ne se dérangent pas d'une demi-seconde dans l'intervalle d'une année.

PROBLÈMES.

PROBLÈME I.

Trouver la latitude d'un lieu.

Il faut amener ce lieu sous le méridien fixe du Globe, et compter le nombre de degrés compris entre l'Equateur et le lieu donné. Ainsi nous trouvons que Paris est à 48° 50', que Saint-Quentin est à 49° 57' 25" de latitude septentrionale, et que Rio-Janeiro est à 23° de latitude méridionale.

PROBLÈME II.

Trouver la longitude d'un lieu.

Il faut amener ce lieu sous le méridien fixe, puis, compter sur l'Equateur le nombre de degrés compris entre le premier méridien de Paris et le méridien fixe. La longitude sera ou orientale ou occidentale selon la position de ce lieu par rapport au méridien de Paris. Ainsi Saint-Pétersbourg est à 28° de longitude orientale de Paris et Madrid à 6° de longitude occidentale.

PROBLÈME III.

Connaissant la latitude et la longitude d'un lieu, trouver ce lieu.

On amène sous le méridien fixe le point de l'Equateur qui correspond à la longitude donnée; on cherche sur le méridien le degré qui correspond à la latitude donnée. Le point du Globe situé au-dessous de ce degré indique la position de ce lieu.

PROBLÈME IV.

Trouver la distance d'un lieu à un autre.

Il faut prendre la distance de ces deux lieux avec un compas et la porter sur l'Equateur; compter le nombre de degrés compris entre les pointes du compas, et réduire en lieues, en multipliant par 25, ou en kilomètres en multipliant par 111 kilomètres. On trouve par ce moyen que la distance entre Londres et Bagdad est de 37° ou 925 lieues, ou 4,000 kilomètres environ.

PROBLÈME V.

Trouver la valeur d'un degré de longitude pour un lieu donné.

Les degrés de longitude vont en se rétrécissant à partir de l'Equateur jusqu'aux Pôles; à l'Equateur ils valent 25 lieues et sont réduits à rien en arrivant au Pôle où ils se réunissent, puisque le Pôle lui-même n'est qu'un point. Si l'on veut savoir la valeur d'un degré de longitude pour un lieu donné, Paris, par exemple, il faut se servir du compas de cette manière: Prendre l'intervalle entre deux méridiens, le porter sur l'Equateur, compter le nombre de degrés, les réduire en lieues ou en kilomètres; comme l'intervalle des méridiens tracés sur le Globe est de 10 degrés de longitude, le dixième de lieues ou de kilomètres trouvés sera la valeur du degré cherché.

Ainsi Paris étant sur le 49° 50' de latitude, l'intervalle entre deux méridiens est 6° 50' qui valent environ 170 lieues, ou 750 kilomètres dont le dixième est 17 lieues ou 75 kilomètres.

PROBLÈME VI.

Monter le Globe horizontalement pour un lieu donné.

Monter le Globe horizontalement pour un lieu donné, c'est placer le Globe exactement dans la même position que le Globe Terrestre naturel, pour un lieu, un jour, une heure donnés; c'est-à-dire faire en sorte que l'horizon du Globe devienne l'horizon de ce lieu qui doit être placé à une égale distance de tous les points du Globe.

Pour y parvenir, il faut amener ce lieu, Saint-Quentin, par exemple, sous le grand méridien mobile, chercher la latitude de ce lieu, compter un nombre égal de degrés sur la branche du méridien chiffré du Pôle à l'Equateur, arrêter le dernier degré au bord de l'horizon; Saint-Quentin se trouve alors au plus haut point de l'horizon.

PROBLÈME VII.

Trouver les Antéciens, les Périéciens et les Antipodes d'un lieu donné, de Paris par exemple.

Pour trouver les *Antéciens* de Paris, on amène ce

lieu sous le méridien fixe ; on lit sur ce méridien le degré de latitude correspondant à Paris, et l'on prend le même degré du méridien de l'autre côté de l'Equateur, le point correspondant du Globe est le lieu des Antéciens de Paris. Ce lieu se trouve dans l'Océan Atlantique méridional, au Sud-Ouest du Cap de Bonne-Espérance.

Pour trouver les *Périéciens* de Paris, il faut amener cette ville sous le méridien supérieur, et compter 48° 50' de latitude boréale sur le méridien inférieur, le point correspondant du Globe est le lieu des Périéciens de Paris.

Pour trouver les *Antipodes* de Paris, on amène cette ville sous le méridien fixe, de manière qu'elle soit à l'horizon ; le point situé sur l'autre côté de l'horizon et sous le méridien fixe, est le lieu cherché. Les Antipodes de Paris sont placés dans la mer du Sud, au Sud-Est de la Nouvelle-Zélande.

PROBLÈME VIII.

Trouver le lieu du Soleil pour un jour donné, par exemple, le 20 Octobre.

Il faut chercher sur le cercle horizontal du porte-Globe, le 20 octobre qui correspond au 27e degré de la Balance; chercher ensuite sur l'Ecliptique le 27e degré de la Balance, et l'on aura le lieu du Soleil dans l'Ecliptique pour le 20 octobre.

Ce lieu correspond au 12e degré de latitude Sud,

par conséquent tous les lieux de la Terre situés sur le 12e parallèle auront ce jour-là à midi le Soleil à leur Zénith.

PROBLÈME IX.

Trouver la hauteur méridienne du Soleil pour un jour donné, le 16 Novembre, par exemple.

La hauteur méridienne d'un astre est la plus grande élévation qu'il ait dans le méridien, c'est le nombre de degrés compris entre l'horizon et le point où est cet astre à midi.

Pour trouver la hauteur méridienne du Soleil pour Saint-Quentin, le 16 novembre, il faut monter le Globe horizontalement pour cette ville, chercher le lieu du Soleil dans l'Ecliptique pour le 16 novembre, l'amener sous le grand méridien fixe et compter les degrés sur le méridien depuis l'horizon jusqu'à ce lieu, on trouve environ 19° de hauteur méridienne.

PROBLÈME X.

Trouver la déclinaison du Soleil pour un jour donné, par exemple, le 6 mars.

La *déclinaison* du Soleil est la distance qu'il y a entre le lieu du Soleil et l'Equateur. Elle est *septentrionale* quand le Soleil est entre l'Equateur et le Pôle Arctique; elle est *méridionale* quand le Soleil est entre l'Equateur et le Pôle Antarctique.

Pour trouver la déclinaison du Soleil, il faut chercher pour le jour donné le degré et le signe correspondant sur le cercle horizontal. On trouve pour le 6 mars le 15e degré des Poissons ; amenant ce point sous le méridien, on trouve que le Soleil a 6° de déclinaison méridionale.

Connaissant la déclinaison du Soleil en quelque jour de l'année, on pourra savoir la distance de cet astre au Zénith d'un lieu, ce jour-là à midi, si le Soleil et ce lieu sont tous deux dans la partie septentrionale du monde, ou dans la partie méridionale ; on ôtera la déclinaison du Soleil de la latitude de ce lieu, le reste sera le nombre de degrés qu'il y a, à midi, entre le Soleil et le Zénith de ce lieu. Mais si le Soleil est dans l'une de ces parties et le lieu dans l'autre, il faudra ajouter sa déclinaison à la latitude du lieu et ce nombre de degrés sera celui qu'on cherche.

Ainsi dans le problème ci-dessus, le Soleil ayant, le 6 mars, 6° de déclinaison méridionale, et Paris étant à 48° 50' de latitude septentrionale, il y a, le 6 mars à midi, 54° 50' entre le Soleil et le Zénith de Paris.

PROBLÈME XI.

Connaissant l'heure qu'il est dans un lieu, par exemple, 10 heures du matin à Paris, trouver l'heure qu'il est au même instant dans d'autres lieux.

Il faut amener Paris sous le méridien fixe et l'aiguille horaire sur 10 heures du matin, puis faire tourner le Globe et l'arrêter au lieu désigné. L'aiguille marquera l'heure qu'il est pour tous les lieux situés sous le méridien fixe.

Ainsi, en tournant le Globe vers l'Occident, on voit qu'à 10 heures du matin, à Paris, il est 11 heures à Vienne, à Stockolm et au Cap de Bonne-Espérance, midi à Saint-Pétersbourg, 1 heure 1/4 à Teheran, 5 heures 1/2 à Macao, en Chine.

Si l'on tourne le Globe vers l'Orient, on voit qu'au même instant il est 9 heures 1/4 du matin à Lisbonne, 5 heures 1/4 à Québec, 4 heures 3/4 à Lima.

On pourrait résoudre le même problème sans faire usage du Globe. Le Soleil parcourt 15° dans une heure, 1° en 4 minutes ; il suffit de connaître pour les deux lieux dont il s'agit, la différence des longitudes et la réduire en temps, c'est-à-dire diviser le nombre des degrés par 15° pour avoir des heures ; s'il reste des degrés, les multiplier par 4 pour avoir des minutes.

PROBLÈME XII.

Trouver l'heure du lever et du coucher du Soleil, la longueur du jour et de la nuit pour un jour donné, par exemple, le 15 Mai à Paris.

Il faut monter le Globe horizontalement pour Paris, chercher, pour le jour donné, le lieu du Soleil dans l'Ecliptique et l'amener sous le méridien, placer l'aiguille horaire à midi, tourner le Globe jusqu'à ce que le lieu tombe sur le bord occidental de l'horizon ; puis amener ce lieu jusqu'à ce qu'il touche le bord oriental. L'aiguille horaire marquera 4 heures 1/2 pour le matin et 7 heures 1/2 pour le soir.

Le nombre exact d'heures comprises entre le lever et le coucher du Soleil ou le double du nombre d'heures parcourues par l'aiguille depuis le point du Midi, sera la longueur du jour et la différence de ce nombre à 24 sera la longueur de la nuit. Ainsi, le 15 mai, le jour dure à Paris 15 heures, et la nuit 9 heures.

PROBLÈME XIII.

Trouver pour un lieu donné, quel est le jour où le Soleil se lève à une heure donnée, par exemple, 5 heures du matin à Paris.

De 5 heures à 12 heures il y a 7 heures que l'on réduit en degrés, ce qui donne 105°. Après avoir mis Paris sous le grand méridien mobile, on cherche dans l'horizon un point d'où l'on puisse compter parallèlement à l'Equateur 105° jusqu'au méridien. Ensuite, on fait tourner le Globe, et les deux degrés de l'Ecliptique qui rencontrent ce point dans l'horizon se trouvent le 26 du Lion, qui correspond au 18 août et le 8 du Taureau, au 28 avril.

On détermine d'une manière analogue les jours où le Soleil se couche à une heure donnée.

PROBLÈME XIV.

Trouver la durée du plus long jour pour un lieu donné et à quel climat appartient ce lieu, par exemple, Paris.

Il faut monter le Globe horizontalement pour le

lieu donné ; amener à l'horizon oriental le premier degré du Cancer ou le premier degré du Capricorne, suivant que le lieu se trouve dans l'hémisphère septentrional ou dans l'hémisphère méridional ; puis mettre l'aiguille horaire sur midi et amener le premier degré du Cancer ou le premier degré du Capricorne sous le méridien. Le double du nombre d'heures parcourues par l'aiguille horaire depuis le point du Midi sera la longueur du plus long jour. La différence de ce nombre à 24 sera la durée de la nuit.

On reconnaîtra par ce moyen que le Soleil, à Paris, se lève à 4 heures et se couche à 8 heures dans le plus long jour de l'année ; on saura que ce jour est de 16 heures, qu'il surpasse de huit demi-heures les jours des pays qui sont sur l'Equateur et qu'ainsi il se trouve à la fin du 8e climat d'heures.

PROBLÈME XV.

Trouver les jours où un lieu donné de la Zone torride a le Soleil au Zénith.

Soit, par exemple, Goa, ville maritime de la presqu'île occidentale de l'Inde, et située au 16e degré de latitude septentrionale.

On amène Goa sous le méridien fixe, on y marque son degré de latitude, on fait tourner le Globe, et l'on voit quels sont les degrés de l'Ecliptique qui passent immédiatement au-dessous du degré marqué sur le méridien. On en trouve deux qui sont : le 10e degré du Taureau, et le 16e degré du Lion. On voit dans l'horizon que ces degrés correspondent au 3 mai et au 7 août qui sont les jours où Goa a le Soleil à son Zénith.

PROBLÈME XVI.

Trouver une semaine à trois jeudis.

La solution de ce problème dépend de ce principe, que le Soleil n'éclaire pas toute la terre à la fois, et qu'il n'est jamais midi au même instant pour des lieux différents en longitudes ; la Terre tournant sur son axe de l'Ouest à l'Est, plus on avance vers l'Orient, plus on paraît aller au-devant du Soleil dont on paraît s'éloigner à mesure que l'on marche vers l'Occident.

C'est ainsi que l'on trouve qu'au même instant il est midi à Saint-Pétersbourg, quand il est 10 heures du matin à Paris et seulement 9 heures 1/4 à Lisbonne, ville située plus à l'Occident que notre capitale.

Cela admis, en supposant deux voyageurs qui fassent le tour du monde, l'un par l'Orient, l'autre par l'Occident ; celui qui voyage à l'Orient, et qui avance à 15° de Paris d'où il est parti, compte une heure de plus qu'à Paris, par conséquent allant au-devant du Soleil, il le voit une heure plus tôt que nous. En continuant ainsi d'avancer vers l'Orient de 15 en 15 degrés, il gagnera une heure chaque fois, de sorte qu'après avoir parcouru les 360 degrés, il se trouve, en arrivant à Paris, avoir gagné 24 heures, il compte un jour de plus, il est au vendredi lorsqu'à Paris on n'est encore qu'au jeudi.

Celui qui voyage vers l'Occident voit le Soleil autant d'heures plus tard qu'il a parcouru de fois 15 degrés. Son voyage fini, il a perdu autant que l'autre a gagné, un jour entier : il n'est donc qu'au mercredi lorsque le premier voyageur est au vendredi, ce qui donne 3 jours différents où l'on comptera jeudi. Si l'on suppose les deux voyageurs arrivant dans la même semaine, ce sera véritablement une semaine à 3 jeudis.

Une conséquence bien intéressante de ce problème, c'est qu'à toute heure, dans tous les lieux, on chante les louanges de Dieu ; on offre le saint sacrifice, et qu'il n'y a pas un instant où nous ne puissions nous y unir.

DES ASTRES.

Qu'appelle-t-on Astres?

Les *Astres* ou *Corps célestes* sont des corps lumineux qui paraissent suspendus à la voûte céleste.

Comment divise-t-on les Astres?

On divise les astres en deux classes principales : 1° les astres *fixes*, nommés plus généralement *Etoiles fixes*, qui paraissent garder la même position dans le Ciel et le même ordre entre eux ; 2° les *Astres errants* ou *Planètes* qui changent de place par rapport aux groupes d'étoiles qui les environnent et qui s'éloignent ou se rapprochent entre eux. Cette classe forme le système *Solaire* ou *Planétaire*.

N'y a-t-il pas encore d'autres divisions?

Les astres sont *lumineux* par eux-mêmes ou *opaques*. Les astres *lumineux* par eux-mêmes sont ceux qui brillent d'un éclat qui leur est propre. Tels sont le *Soleil* et les *Etoiles fixes*.

Les corps *opaques* sont ceux qui ne brillent pas par eux-mêmes et qui ne nous apparaissent que parce qu'ils réfléchissent la lumière du Soleil. Tels sont les *Planètes*, les *Satellites des Planètes* et les *Comètes*.

Et par rapport à la vue comment les divise-t-on?

Par rapport à la vue, on peut encore diviser les astres en *astres apparents* et en *astres télescopiques*.

Les astres *apparents* sont ceux qu'on peut apercevoir à la vue simple. Tels sont le Soleil, la Lune et un grand nombre d'étoiles. Les astres *télescopiques* ne peuvent être vus qu'avec le secours du télescope et n'ont été découverts que depuis l'invention de cet instrument.

DES ÉTOILES FIXES.

Les étoiles *fixes* sont des astres lumineux par eux-mêmes, qui conservent toujours entre eux, à très-peu de chose près, la même position respective.

Qu'est-ce que les étoiles fixes?

L'éloignement des étoiles est immense; les plus rapprochées de nous sont au moins **100** fois plus loin que le Soleil, d'autres sont infiniment plus éloignées.

Les étoiles sont-elles fort éloignées de nous?

Nos sens sont tout-à-fait insuffisants pour nous faire apprécier la distance réelle des étoiles à la terre. Pour essayer de s'en faire une idée, on a eu recours à un procédé assez simple à saisir.

Par quel procédé peut-on apprécier la distance réelle des étoiles?

Si nous supposons que de deux points sensiblement distants, B et C, fig. X, pris sur la surface de la Terre, on dirige un rayon visuel vers un point A placé dans l'espace; ces deux rayons formeront un angle, dont le sommet sera au point observé, et dont les côtés passeront par les deux lieux d'observation. La ligne qui joindra ces deux lieux servira de base à un triangle A, B, C, dont la hauteur A, H, mesurera la distance de la terre au point A. Comme nous pouvons mesurer sur notre Terre la base du triangle (cette base est la ligne B, C) et les deux angles adjacents A, C, B et A, B, C, par un calcul de triangles semblables, nous déterminerons la distance exacte. La plus grande longueur que nous puissions donner sur notre Globe à la base de ce triangle, est évidemment le diamètre terrestre qui est d'environ **1,200** myriamètres.

Quel autre moyen a-t-on encore p^r calculer la distance des étoiles?

Ce procédé est encore insuffisant : on a pu estimer grossièrement l'éloignement de six ou sept étoiles les plus rapprochées de nous. Leur distance est tellement immense que l'on en peut donner une idée seulement par le temps que leur lumière met à nous parvenir. La lumière, qui parcourt **77,000** lieues par seconde, met plus de **3** ans et **3** mois à nous arriver de l'étoile la moins éloignée de nous. Sirius, la plus brillante étoile de notre Ciel, est à une distance telle de la terre, que sa lumière met **14** ans à nous parvenir. Ce temps est de **25** ans pour Arcturus, **30** ans pour la polaire, **65** ans environ pour la Chèvre. En un mot, si tout-à-coup Sirius s'éteignait dans le Ciel, nous le verrions encore pendant **14** ans. Ces résultats d'une précision très-douteuse, quant à leurs chiffres mêmes, ne nous montrent avec certitude que l'infinie distance qui sépare la terre des étoiles (1).

(1) Le procédé indiqué ici est insuffisant parce que la base B, C du triangle, qui sera, au plus, le diamètre terrestre, étant infiniment petite par rapport à la distance de l'étoile, qui serait la hauteur du triangle, les rayons visuels qui en formeraient les côtés, sont sensiblement parallèles.

On reconnaît les étoiles des autres corps célestes à leur lumière scintillante. Il n'est pas douteux qu'elles ne soient lumineuses par elles-mêmes; elles se trouvent à une distance si prodigieuse du Soleil, qu'il serait impossible que la lumière de cet astre allât jusqu'à elles, pour revenir, de là, frapper nos yeux avec l'éclat si vif dont nous les voyons briller; aussi peut-on les considérer comme autant de Soleils, autour desquels pourraient encore tourner d'autres Globes semblables à celui de la Terre.

Comment reconnait-on les étoiles?

Le nombre des étoiles qui brillent au firmament est considérable; on n'en compte que 3 ou 4,000 à la vue simple, mais à l'aide des instruments, on peut en découvrir des millions, et on a déterminé la position d'environ 70,000 dans un espace de 8° dans un sens et de 3° dans l'autre. Herschell, célèbre astronome hanovrien qui mourut en 1822, en a compté 44,000 bien distinctes; ainsi, en tenant compte des endroits où on en aperçoit moins, on pourrait, sans exagération, estimer à 20,000,000 le nombre de celles que nos moyens d'observation permettent de découvrir.

Les étoiles sont elles nombreuses?

Les étoiles ont plusieurs mouvements produits par le mouvement réel de la Terre. Les principaux sont: 1° le mouvement diurne commun à tout le Ciel qui leur fait décrire d'Orient en Occident des parallèles à l'Equateur; 2° un autre d'Occident en Orient, parallèle à l'Ecliptique; celui-ci est très-lent puisqu'il ne s'effectue qu'en 26,000 ans. Son effet est: 1° de

Quels sont les mouvemens des étoiles?

déplacer insensiblement l'axe et les pôles du monde et de leur faire décrire un cercle autour des pôles de l'Ecliptique ; 2° de déplacer avec la même lenteur les points où l'Ecliptique coupe l'Equateur et de les faire correspondre successivement à diverses étoiles d'Occident en Orient, de sorte que la première étoile du Bélier qui était, il y a 2,000 ans, au point d'intersection de ces deux cercles, en est aujourd'hui à 30° vers l'Orient, et les Poissons ont pris la place du Bélier.

Qu'y a-t-il à remarquer sur les équinoxes?

Les équinoxes arrivent tous les ans 20' 25'' avant que la Terre soit en conjonction avec le Soleil et avec la même étoile qu'au même équinoxe de l'année précédente. C'est cette différence qu'on appelle la *Précession* des *Equinoxes ;* elle fait que le Soleil semble rétrograder dans les constellations du Zodiaque d'un degré en 72 ans et d'un signe entier ou de 30 degrés en 2,160 ans, de sorte qu'il parcourt ainsi tout le cercle de l'Ecliptique en 26,000 ans environ.

Quelle rétrogradation a faite le Soleil depuis qu'on a donné des noms aux signes du Zodiaque?

Depuis qu'on a donné des noms aux signes du Zodiaque, le Soleil a rétrogradé d'une constellation entière, de sorte qu'à l'Equinoxe du Printemps il entre à peine dans le premier degré de la constellation des Poissons au lieu d'arriver à la constellation du Bélier. Cependant on a conservé l'usage de dire que le Soleil entre dans le signe du Bélier, au mois de mars, dans le signe du Taureau, au mois d'avril, etc. On voit par là qu'il faut aujourd'hui distinguer les signes des constellations du même nom.

Les étoiles ne sont pas toutes également brillantes, c'est pourquoi on les a réparties en diverses classes, d'après leur éclat apparent qu'on nomme *grandeur*.

Les étoile brillent - elles également ?

On n'en compte ordinairement que 15 de la *première grandeur* ou *primaires*, visibles en France, qui forment la première classe, ce sont : *Sirius* ou le *Grand Chien* ; l'*Epaule orientale d'Orion* ; *Rigel* ou *le pied occidental d'Orion* ; *Aldebaran* ou *l'OEil du taureau* ; la *Chèvre* ou *Capella* ; *Véga* dans la Lyre ; *Antarès* ou le *Cœur du Scorpion* ; *Arcturus* dans le Bouvier ; *Régulus* ou le *Cœur du Lion* ; *Procyon* ou le *Petit Chien* ; *Fomalhaut* ou la *Bouche du Poisson austral* ; *Altaïr* ou le *Cœur de l'Aigle* ; la *Queue du Cygne* : l'*Epi de la Vierge* ; le *Cœur de l'Hydre*.

Quelles sont celles de la 1re grandeur que l'on voit en France ?

L'*Etoile polaire*, plusieurs étoiles de la grande Ourse, et celles qui brillent le plus, au nombre de 45, sont dites de la *deuxième grandeur* ou *secondaires*, ainsi de suite, jusqu'à la *septième grandeur*.

En dessous de la *sixième grandeur* et jusqu'à la *seizième*, elles ne sont visibles qu'au télescope et sont nommées pour cette raison *télescopiques*. Cette diversité de grandeur peut n'être qu'apparente et provenir seulement de l'éloignement des étoiles.

..... Télescopiques.

Il y a des étoiles qu'on appelle *périodiques*, parce qu'elles sont sujettes à des augmentations, à des diminutions de lumière qui vont dans certains cas jusqu'à l'extinction et la revivification complète.

..... Périodiques.

...... Doubles, triples, quadruples.

On a remarqué à l'aide du télescope plus de **3,000** étoiles qui, à l'œil nu, paraissent simples, et qui, en réalité, sont *doubles, triples, quadruples;* dans ces groupes, les étoiles tournent autour l'une de l'autre. Un grand nombre de ces étoiles doubles offre le phénomène du contraste des couleurs. La plus grande est ordinairement *rouge*, *jaune* ou *blanche*, la plus petite est *bleue* ou *verte*.

..... Nébuleuses.

On distingue encore dans le Ciel de petits nuages blanchâtres appelés *nébuleuses.* Herschell a donné le catalogue de **2,306** nébuleuses réparties en trois classes, savoir :

...... 1° Amas d'étoiles.

1° Les *amas d'étoiles* qui ne sont autre chose que des groupes d'étoiles très-rapprochées, qu'on distingue très-bien avec de bons télescopes. La *Voie lactée*, appelée aussi le chemin de *Saint-Jacques*, et qui traverse le Ciel du Nord au Sud ; la *chevelure de Bérénice*, les *Pléïades*, etc., sont dans cette classe.

...... 2° Nébuleuses résolubles.

2° Les *Nébuleuses résolubles* où l'état actuel du télescope ne permet pas encore de découvrir des étoiles, mais où probablement on en découvrira plus tard, si l'on augmente le pouvoir des instruments.

Nébuleuses proprement dites.

3° Les *Nébuleuses proprement dites* qui ne sont que des amas de matières blanchâtres, et qui probablement ne peuvent pas se résoudre en étoiles.

Constellations.

Comme il n'est pas possible de donner un nom à chaque étoile, on les a placées par *constellations* ou *astérismes*, groupes auxquels on a imposé des noms arbitraires, tirés pour la plupart de la fable ou des animaux, et avec lesquels il ne faut pas leur chercher de ressemblance. On dessine souvent sur les globes célestes les figures dont ces constellations portent les noms, et toutes les étoiles comprises dans ce dessin sont nommées du nom affecté à la figure. Chaque étoile se désigne en particulier par sa position relativement à la figure. Ensuite, pour plus de clarté, on est convenu de les désigner par des lettres et des numéros.

Lettres employées dans la méthode Bayer

Dans cette méthode inventée par Bayer, les lettres de l'alphabet grec, puis celles de l'alphabet romain, et enfin des numéros indiquent l'éclat apparent des astres dans chaque constellation.

Combien les anciens comptaient-ils de constellations?

Les anciens comptaient 48 constellations dont 12 *zodiacales*, ou comprises dans le Zodiaque; 21 *boréales*, ou situées au Nord des précédentes, parmi lesquelles on remarque les *circompolaires*, qui ne se couchent jamais pour l'horizon de Paris, et 15 *australes* qui occupent l'hémisphère qui nous est opposé. Ces 48 constellations contiennent les 1,022 étoiles du catalogue d'Hipparque, qui vivait à Alexandrie 200 ans avant J.-C. et avait fait une revue du Ciel assez exacte. Aujourd'hui, on connaît 25,000 étoiles réparties en 109 constellations. Comme les observations d'Hipparque cadrent parfaitement avec celles de nos jours, il en résulte que la position relative des étoiles n'a pas changé, de là leur vient le nom d'*étoiles fixes*.

Constellations plus importantes à connaître.

Les principales constellations qu'il est important de connaître, outre les douze signes du Zodiaque, sont : Au Nord de l'Ecliptique, la *grande Ourse*, la *petite Ourse*, *Cassiopée*, *Andromède*, *Pégase*, *Persée*, le *Cocher*, le *Bouvier*, la *Couronne*, *Hercule*, le *Serpentaire*, l'*Aigle*, la *Lyre*, le *Cygne* et le *Dauphin*. Les principales constellations du Sud de l'Ecliptique sont : *Orion*, le *grand Chien*, le *petit Chien*, l'*Hydre*, la *Coupe*, le *Corbeau*, le *Poisson austral* et la *Baleine*.

DIFFÉRENTES MANIÈRES

DE RECONNAITRE DANS LE CIEL LES PRINCIPALES CONSTELLATIONS.

L'observation de la déclinaison, de l'ascension droite, de la longitude et de la latitude des astres, donne la position précise qu'ils occupent dans le Ciel.

Qu'entend-on par déclinaison ?

On entend par *déclinaison* d'un astre, la distance de cet astre à l'Equateur. La déclinaison se compte de 0 degré à 90 degrés en allant de l'Equateur au Pôle. On dit qu'elle est *Boréale* ou *Australe*, suivant que l'astre dont il s'agit se trouve au Nord ou au Midi de l'Equateur.

La distance d'un astre au Méridien qui passe par l'équinoxe du printemps est son *Ascension droite*. Cette distance se compte de 0° à 360° à partir de l'équinoxe, d'Occident en Orient, ou bien de 0 degré à 180 degrés tant à droite qu'à gauche, et alors elle est dite occidentale ou orientale, selon qu'elle est prise vers l'Occident ou vers l'Orient.

Qu'est ce que l'ascension droite?

La distance qui se trouve entre le même point de l'équinoxe et le degré de l'Equateur qui se lève en même temps que l'astre est appelée l'*Ascension oblique* de cet astre (1).

Qu'est ce que l'ascension oblique?

Les *longitudes* et les *latitudes* des *Astres* ou *Corps célestes* sont par rapport à l'Ecliptique ce que sont les *Ascensions droites* et les *déclinaisons* par rapport à l'Equateur. Cette méthode est très-longue et très-minutieuse, elle exige l'emploi des instruments et ne peut convenir qu'aux astronomes.

Que sont les longitudes et les latitudes des astres?

La simple comparaison des groupes d'étoiles figurés sur un globe avec ceux qu'ils représentent dans le Ciel, pourrait suffire à la rigueur pour conduire à la connaissance des constellations, mais la méthode des *Alignements* qui n'a besoin d'aucun instrument, qui ne varie jamais, quelles que soient les heures et les époques, est la plus simple et la plus facile. Elle consiste à chercher la position des constellations et

Qu'entend-on par méthode des alignements?

(1) L'ascension oblique est le degré de l'Equateur qui tombe dans l'horizon en même temps que l'astre ou l'arc compris entre le point de l'équinoxe et le degré de l'Equateur qui se trouve dans l'horizon en même temps que l'astre.

des étoiles qui en dépendent au moyen des lignes qu'on tire idéalement des unes aux autres.

Cette méthode peut servir à reconnaître, à première vue, les principales constellations; à l'aide de ces indications que l'on peut vérifier sur le globe, aucune des étoiles les plus remarquables ne pourra échapper à quiconque voudra observer la voûte céleste.

CONSTELLATIONS BORÉALES.

Qu'est-ce que la grande Ourse ?

Tout le monde connaît la *grande Ourse* ou le *Chariot de David*, constellation boréale, toujours visible dans nos climats et très-remarquable. Les principales étoiles qui la composent forment un carré long avec trois de 2e grandeur, et une de la 3e; trois autres étoiles secondaires sont placées à l'un des angles du carré, elles composent la *Queue de l'Ourse*. On découvre sur le champ cette constellation en jetant les yeux sur le Nord.

C'est elle qui va nous servir de point de départ, et nous conduire par divers embranchements à toutes les autres.

Comment arrive-t-on à l'étoile Polaire ?

En prolongeant la ligne B, A du carré de la grande Ourse, on arrive à une étoile de 2e grandeur, très-importante à connaître, c'est l'*Etoile polaire*, P, placée à 1° 38' du pôle, et qui par conséquent indique toujours le Nord; elle est la plus brillante et la dernière de la queue de la petite Ourse, constellation tout-à-fait semblable à la précédente, mais plus petite, renversée et moins brillante.

La première de la grande Ourse conduit, par la polaire, à la constellation de *Cassiopée* où l'on distingue cinq étoiles tertiaires en forme de Y ou de chaise renversée, d'où lui vient le nom de trône, de chaise qu'on lui donne. Elle est de l'autre côté du pôle par rapport à la grande Ourse, et est très-distincte.

Indiquez la position de Cassiopée?

Céphée est une constellation placée entre la petite Ourse et Cassiopée. On la distingue à l'arc que forment ses trois principales étoiles de 3e grandeur.

Qu'est-ce que Céphée?

La ligne A, B de la grande Ourse par la polaire, mais bien au-dessous de Cassiopée, conduit au *Carré de Pégase*, très-régulier, formé de quatre étoiles secondaires. La diagonale de ce carré rencontre d'abord deux étoiles secondaires qui appartiennent à la constellation d'*Andromède;* puis une autre qui appartient à la constellation de *Persée*. Ces étoiles forment avec celles du carré de Pégase ce qu'on appelle la *Grande Croix*.

Qu'est-ce qui conduit au Carré de Pégase, à Andromède et à la grande Croix?

Persée, auquel conduit aussi la diagonale du carré de la grande Ourse, rencontre deux files d'étoiles, rangées en arc, dont l'une aboutit à la *Chèvre* et l'autre, aux *Pléïades*.

Que rencontre Persée?

Comment arrive-t-on à Méduse ou Algol?

En suivant la même diagonale, on arrive à la *tête de Méduse* ou *Algol de Persée*, qui est remarquable en ce qu'elle est *changeante*. Un groupe de petites étoiles l'environne.

Où aperçoit-on le Triangle?

Au-delà d'Andromède, on aperçoit le *triangle*, formé de trois étoiles, dont une seule est tertiaire.

Toutes ces constellations ne sont bien visibles que lorsque la grande Ourse est placée près de l'horizon.

Par quoi est indiqué le Cocher?

Le *Cocher* est indiqué par l'arc boréal des étoiles de Persée et par la ligne B, A de la grande Ourse. C'est un pentagone dont l'étoile la plus éloignée appartient au *Taureau*, et qui contient la *Chèvre* ou *Capella*, étoile primaire, marquée par un petit triangle aigu placé dans son voisinage.

Qu'est-ce que le dragon?

Le *dragon* est une constellation circompolaire composée d'une file de nombreuses étoiles, dont les premières, ou la *queue*, sont placées entre la *grande Ourse* et la petite; la troisième qui est secondaire, est sur la ligne du carré de la petite Ourse, à la queue de la grande. La traînée d'étoiles circonscrit ensuite la petite Ourse en s'avançant vers Céphée, puis retourne vers les quatre étoiles tertiaires qui forment la tête du dragon.

Où conduisent les dernières étoiles de la queue de la gr^de Ourse?

Les dernières étoiles de la queue de la grande Ourse conduisent à une des étoiles les plus brillantes du Ciel, *Arcturus*, qui appartient à la constellation du Bouvier; on y distingue encore, en se rapprochant de la queue, vers l'Est, un pentagone d'étoiles remarquables, et de l'autre, le *Cœur de Charles*, étoile tertiaire.

La *Chevelure de Bérénice* est un groupe de petites étoiles indiquées par la ligne de la polaire passant par A de la grande Ourse et le Cœur de Charles.

Qu'est-ce que la Chevelure de Bérénice?

La *Couronne boréale* est un demi-cercle composé d'environ sept étoiles. La ligne diagonale du carré de la grande Ourse, par les deux premières de sa queue, va rencontrer la plus brillante de la couronne, étoile secondaire et double.

Qu'est-ce que la couronne boréale?

La ligne de la Chèvre par la polaire conduit assez bien à la *Lyre* où l'on remarque *Véga*, étoile primaire, accompagnée d'un petit triangle.

Où conduit la ligne de la Chèvre par la Polaire?

A l'Orient, on rencontre le *Cygne* qui forme une grande croix au milieu de la *Voie lactée*.

Où rencontre-t-on le Cygne?

Au-dessous de ces deux constellations est l'*Aigle*, où l'on remarque trois étoiles rapprochées dont la centrale est *Altaïr*, de première grandeur, et plusieurs étoiles changeantes.

Que remarque-t-on dans l'Aigle?

De la *Lyre* à la *Couronne* on traverse un quadrilatère d'étoiles tertiaires qui appartient à la constellation d'*Hercule*. Au-dessous de la Couronne se trouvent la *tête* et la *queue* du *Serpent* qui se prolonge au-dessous d'Hercule et enclave Ophiucus dans ses plis.

Où se trouve la constellation d'Hercule?

CONSTELLATIONS ZODIACALES.

Où est placé le Bélier ?

En arrivant aux constellations zodiacales dont chacune occupe environ **30°**, nous trouvons :

Le *Bélier* où était autrefois l'équinoxe du printemps ; il est placé au-dessous d'Andromède et du Triangle. On n'y distingue aucune étoile remarquable.

En avançant vers l'Est, on découvre ensuite :

Qu'indique le Taureau ?

Le *Taureau*, où brille ***Aldébaran*** ou l'***OEil du Taureau***, étoile primaire un peu rougeâtre qu'indique la ligne d'Orion, constellation des plus remarquables. ***Aldébaran*** forme un V très-apparent avec cinq étoiles qui sont les ***Hyades***. A côté sont les ***Pléïades*** ou la ***Poussinière***, groupe très-remarquable d'étoiles entassées.

Comment reconnait-on les Gémeaux ?

Les *Gémeaux* renferment un parallélogramme très-facile à reconnaître. Deux belles étoiles : ***Castor***, étoile double, et ***Pollux***, qui sont les têtes des ***Gémeaux***, forment un petit côté du parallélogramme, et sont situées au milieu de l'espace compris entre Orion et la grande Ourse.

Qu'est-ce qui distingue le Cancer ?

Le *Cancer* ou *Ecrevisse* ne se distingue par aucun groupe ; mais on en établira facilement la position entre les Gémeaux et le Lion.

Le *Lion* est un grand trapèze très-remarquable auquel conduit la Polaire par A et B de la grande Ourse. Outre deux secondaires qui forment la petite base, on remarque au-dessous deux primaires: *Régulus* ou le *Cœur du Lion*, étoile double, et la *Queue* qui est plus à l'Est.

Qu'est-ce que le Lion?

La *Vierge* a une primaire, l'*Epi*, étoile double qui est indiquée par la grande diagonale du carré de la grande Ourse, et forme un triangle avec la *Queue du Lion* et *Arcturus* du Bouvier. On remarque encore dans la Vierge un V ouvert de cinq étoiles tertiaires.

Par quoi est indiqué l'Epi de la Vierge?

A l'Est, on distingue sur le champ deux secondaires formant un carré avec deux tertiaires, ce sont les plateaux de la *Balance*.

La ligne de Régulus par l'Epi conduit à l'étoile primaire, *Antarès* ou le *Cœur du Scorpion*. On y distingue encore un arc d'étoiles remarquables, et en outre une longue file qui se cache sous l'horizon.

Qu'est-ce qui conduit à Antarès?

Le *Sagittaire* qui vient ensuite se distingue à un petit trapèze de tertiaires surmonté d'un petit quadrilatère et précédé d'une file d'étoiles imitant un arc avec la flèche indiquée par une autre file dirigée vers le Scorpion.

Comment se distingue le Sagittaire?

La ligne qui va de la Lyre à l'Aigle tombe sur deux étoiles tertiaires dont l'une est double; elles forment la tête du *Capricorne*.

Sur quoi tombe la ligne qui va de la lyre à l'aigle?

Où se trouve le Verseau ?

Au-dessus du carré de Pégase se trouve le *Verseau* où l'on distingue un triangle d'étoiles tertiaires et une longue file de petites étoiles.

Où est placé le Poisson austral ?

Le Poisson austral où brille *Fomalhaut* est au-dessus et sur le prolongement des extrêmes du carré de la Grande Ourse.

Que présente la constellation des Poissons?

Enfin les *Poissons* où se trouve maintenant l'équinoxe du printemps, présentent deux files d'étoiles peu remarquables au-dessous d'Andromède et de Pégase.

CONSTELLATIONS AUSTRALES.

Quelles sont les principales constellations australes?

Parmi les constellations australes, trois seulement peuvent fixer notre attention ; les autres s'élèvent peu au-dessus de l'horizon de Paris, ou même y sont tout-à-fait invisibles, et l'on n'y trouve que deux primaires, ce sont *Acharnar* à l'extrémité de l'Eridan et *Canopus* la seconde étoile du Ciel, dans le Navire.

Quelle est la constellation la plus remarquable?

Orion est la constellation la plus remarquable par son étendue et les astres très-brillants qui la composent ; aussi la prend-on souvent pour point de départ des alignements, mais elle n'est visible le soir que pendant l'hiver. *Orion* est placé au-dessous du Cocher dans l'alignement de la Polaire et de la Chèvre. On y distingue un grand quadrilatère de deux secondaires et de deux primaires, celles-ci sont: l'*Epaule Orientale* et le *Pied Occidental* ou *Rigel*. Au milieu du quadrilatère est le *Baudrier*, ou *Râteau*, les *trois Rois*, formés de trois secondaires très-rapprochées, qui indiquent d'un côté *Sirius* du *Grand Chien* et de l'autre *Aldébaran* du *Taureau*: une foule d'étoiles qui désignent le Baudrier d'Orion, le séparent du Taureau. Enfin, au-dessus du Baudrier, est une traînée lumineuse qui représente l'*Epée*: dans le voisinage est une nébuleuse très-remarquable.

La ligne du Baudrier vers le Sud conduit à *Sirius*, c'est l'étoile la plus brillante du Ciel, elle appartient au *Grand Chien* et y forme, avec trois secondaires, un quadrilatère dans l'un des angles duquel trois secondaires forment un triangle.

Quelle ligne conduit à Sirius?

Enfin, au-dessous des Gémeaux et à l'Est d'Orion, est le *petit Chien* où brille *Procyon*, étoile de première grandeur, accompagnée d'une tertiaire.

Où est situé le petit Chien?

Ainsi dans ce quartier du Ciel sont accumulés les astres les plus brillants, et en février, ou mars, à 9 heures, on peut compter jusqu'à douze étoiles de première grandeur, outre un grand nombre de secondaires.

Il est inutile d'indiquer le passage de la *Voie lactée*, cette trace blanchâtre si singulière et si remarquable, qui ceint le Ciel dans tout son pourtour. A partir du Scorpion, elle se divise en deux embranchements qui se rapprochent de la *Queue du Cygne*.

Est-il utile d'indiquer le passage de la Voie lactée?

A l'aide de ces alignements, rien de plus facile que de s'orienter dans le Ciel et de reconnaître toutes les constellations ; la connaissance de l'une conduit à celle de l'autre, il suffit pour cela d'en voir la position sur le Globe.

Comment peut-on reconnaître les Planètes ?

Si l'on remarque, dans le Ciel, un astre dont la position n'est point indiquée, on pourra en conclure que c'est une planète. On verra en l'observant quelque temps de suite qu'elle change de position par rapport aux autres étoiles.

La connaissance des constellations conduit aussi à trouver les planètes en cherchant dans les tables astronomiques la position qu'elles occupent. Il sera facile aussi de reconnaître les comètes dont les journaux annoncent toujours l'apparition.

Comment l'appréciation des distances facilite-t-elle l'orientation ?

L'appréciation des distances facilite aussi l'orientation ; on peut estimer les distances à vue d'œil en remarquant que le diamètre de la lune est d'environ un demi degré, que les deux premières étoiles du carré de la *Grande Ourse* sont distantes de 5 degrés, que le *Baudrier d'Orion*, étant placé sur la ligne de l'Equateur, est à 90° de la Polaire, espace qui est assez bien partagé en deux par la *Chèvre* ou *Capella*, étoile toujours visible au Zénith de Paris.

Ces mesures sont suffisantes lorsqu'on ne veut pas en faire la base de calculs rigoureux.

PROBLÈMES.

PROBLÈME I.

Déterminer les étoiles qui peuvent paraître sur l'horizon d'un lieu quelconque, par exemple, Paris; celles qui ne se couchent jamais et celles qui passent au Zénith.

Après avoir monté le Globe horizontalement pour Paris, il faut faire tourner le Globe, alors toutes les étoiles qui paraîtront sur l'horizon du Globe paraîtront aussi sur celui de Paris; celles qui sont à moins de 49° du pôle arctique ne se coucheront jamais, et enfin celles qui en seront éloignées de 41° passeront au Zénith de Paris.

PROBLÈME II.

Trouver l'Ascension droite et la Déclinaison d'une étoile..., du Soleil.

Il faut amener le lieu de l'astre sous le méridien fixe en faisant tourner le globe sur son axe; alors le degré de l'équateur qui se trouve sous le méridien est l'ascension droite demandée; on compte ensuite le long du méridien combien il y a de degrés depuis l'Equateur jusqu'au point situé immédiatement au-dessus de l'astre. Ce nombre de degrés est sa déclinaison.

PROBLÈME III.

Connaissant l'Ascension droite et la Déclinaison d'un astre, trouver sa position sur le Globe.

Il faut amener sous le méridien le point de l'Equateur qui correspond à l'Ascension droite donnée, chercher sur le méridien le degré qui correspond à la déclinaison donnée. Le point du Globe situé au-dessous de ce degré indique la position de l'astre.

PROBLÈME IV.

Trouver quel est l'état du Ciel à un jour et à une heure donnés, c'est-à-dire, quelles sont les étoiles qui passent au méridien, par exemple, le 24 Octobre, à 8 heures du soir.

Il faut d'abord : 1° chercher sur l'horizon fixe, le degré du signe zodiacal auquel répond le 24 octobre; on trouve le deuxième du Scorpion ; 2° amener ce lieu sous le méridien supérieur, et mettre l'aiguille horaire sur le chiffre 12 de midi, et puis faire tourner le Globe vers l'Ouest jusqu'à ce que l'aiguille marque 8 heures ; 3° observer sur le Globe les principales constellations qui, à cette heure, sont au-dessus de l'horizon. Ainsi le Taureau et le Cocher se lèvent ; Céphée, Pégase arrivent au Méridien ; Cassiopée, Andromède et les Poissons sont près d'y arriver ; le Cygne, la Lyre, l'Aigle, le Dauphin l'ont déjà dépassé ; la Couronne Boréale, Ophiucus et le Sagittaire sont à l'horizon occidental ; enfin la Grande

Ourse est entre l'horizon et le Pôle vers le Nord-Ouest.

On peut encore résoudre ce problème sans faire usage de la rosette et de l'aiguille horaire. Pour cela il faut d'abord chercher le lieu du Soleil dans l'Ecliptique pour le jour donné, en prendre l'Ascension droite, compter ensuite à partir de ce point d'Occident en Orient, le nombre de degrés parcourus par le Soleil depuis midi. Ainsi le lieu du Soleil pour le **24** octobre est le second degré du Scorpion auquel on trouve **210** degrés d'Ascension droite. On compte depuis ce point sur l'Equateur, d'Occident en Orient **8** fois **15** degrés ou **120** degrés et l'on touche au **330**e que l'on place sous le méridien. On a alors le Globe céleste dans la même position que la voûte étoilée, et l'on voit toutes les étoiles qui sont au-dessus de l'horizon.

PROBLÈME V.

Trouver pour un jour donné l'heure du passage d'une étoile au méridien supérieur.

La solution de ce problème est indépendante de la hauteur du Pôle, il suffit d'amener le lieu du Soleil sous le méridien, et l'aiguille horaire sur midi, puis de faire tourner le Globe jusqu'à ce que l'étoile désignée se trouve au-dessous de la partie supérieure du méridien : alors, l'aiguille marque l'heure demandée.

PROBLÈME VI.

Trouver le jour de l'année où une étoile passe au méridien supérieur, à une heure donnée.

On amène l'étoile sous le méridien, et l'aiguille horaire sur l'heure donnée, puis on fait tourner le Globe jusqu'à ce que l'aiguille marque midi, on lit le degré de l'Ecliptique situé sous le méridien, et l'on cherche sur l'horizon le jour qui correspond à ce degré, c'est le jour demandé.

PROBLÈME VII.

Trouver pour un lieu donné l'heure du coucher et du lever d'une étoile, pour un jour donné.

Il faut élever le Pôle à la hauteur du lieu donné ; on amène sous le méridien le lieu du Soleil dans l'Ecliptique pour le jour donné, on met l'aiguille horaire sur midi, puis on fait tourner le Globe vers l'Orient ou vers l'Occident jusqu'à ce que l'étoile désignée se trouve à l'horizon ; alors l'aiguille marquera l'heure du lever ou du coucher de l'étoile désignée.

SYSTÈME SOLAIRE.

Le *Système solaire* se compose du *Soleil*, des *Planètes principales*, des *Satellites* ou *Planètes secondaires* et des *Comètes*.

Comment se compose le système Solaire?

Avant de traiter de chacun de ces corps célestes en particulier, il est nécessaire de donner quelques notions sur l'ensemble du système.

Tous les astres restent suspendus dans l'espace et suivent la marche que Dieu leur a tracée, en vertu de deux forces : la force d'*Attraction* et la force de *Répulsion*.

Quelles sont les forces qui retiennent les astres dans l'espace?

La force d'*Attraction*, de *Gravitation* ou *Centripète* est celle par laquelle les grands corps attirent à eux les plus petits en *raison directe de leur masse, et en raison inverse du carré de leur distance*, c'est-à-dire que l'attraction est deux fois plus forte dans un corps deux fois plus pesant, ou de masse double ; et quatre fois plus faible dans un corps deux fois plus éloigné.

Qu'est-ce que la force d'Attraction?

La *tendance* d'un corps vers le centre d'un autre se nomme *Gravité*.

La force de *répulsion*, de *projection* ou *centrifuge* est celle par laquelle un corps tend à s'éloigner d'un

Qu'est-ce que la force de Répulsion?

autre corps autour duquel il tourne. Cette force est d'autant plus grande que le mouvement circulaire est plus actif ou plus violent. Ici, on se demande naturellement quel est l'astre qui est le centre commun de tous les autres et qui exerce sur eux la force d'attraction? Trois systèmes principaux se sont élevés pour résoudre cette question, ils ont été soutenus par trois célèbres astronomes: Ptolémée, Copernic et Tycho-Brahé.

SYSTÈME DE PTOLÉMÉE.

Quelle est la base du système de Ptolémée ?

Claude Ptolémée, celèbre astronome, qui vivait à Alexandrie sous les empereurs Antonin et Adrien, dans le deuxième siècle, suppose que la Terre est immobile au centre de l'Univers. Il fait circuler autour d'elle les Planètes et le Soleil, et il les place dans l'ordre suivant: la *Lune*, *Mercure*, *Vénus*, le *Soleil*, *Mars*, *Jupiter* et *Saturne* (fig. XII). Les autres planètes n'étaient pas encore découvertes, elles ne l'ont été que depuis peu de temps. Ce système qui fut en honneur jusqu'au 15e siècle, est celui que nous indique l'impression des sens; c'est celui des anciens Grecs et des Hébreux.

Mais Ptolémée n'explique pas bien les mouvements de Vénus et de Mercure, il fallait modifier le système de plusieurs manières pour indiquer le mouvement des astres, aussi Copernic, chanoine de Thorn, en Prusse, qui vivait au commencement du seizième siècle, chercha-t-il à simplifier celui de Ptolémée.

Quels philosophes avaient pensé que la Terre est une planète?

Pythagore et plusieurs de ses disciples avaient déjà supposé que la Terre était une planète, et que c'était le Soleil qui était immobile au centre du monde. Cicéron dit que Nicétas avait pensé que le Soleil, la Lune et les étoiles ne tournent pas autour de la Terre, mais que la Terre tourne sur elle-même en vingt-quatre heures avec une grande rapidité ; et un autre disciple de Pythagore, Philolaüs, avait pensé que la Terre tourne autour du Soleil dans la courbe annuelle que semble décrire cet astre.

Copernic s'emparant de ces diverses opinions et appelant les observations astronomiques à la place de l'impression des sens, admet d'abord le mouvement diurne de la Terre, ensuite son mouvement de translation autour du Soleil.

SYSTÈME DE COPERNIC.

En quoi consiste le système de Copernic?

Copernic établit que la sphère étoilée est entièrement fixe. Ensuite ***Saturne***, ***Jupiter***, ***Mars***, la ***Terre*** qui entraîne la ***Lune***; ***Vénus*** et ***Mercure*** tournent dans leur orbite autour du Soleil qui reste immobile au centre du système (f. XIII). La Terre tourne sur son axe en vingt-quatre heures, ce qui produit le mouvement diurne apparent des étoiles.

Copernic n'osa pas donner ce système comme positif, mais il en fit une simple hypothèse, laissant au temps à la juger. Le temps a ratifié depuis cette conception du génie.

SYSTÈME DE TYCHO-BRAHÉ.

Quel fut le système de Tycho-Brahé?

Tycho-Brahé, astronome danois, qui vivait à la fin du seizième siècle, fit un grand nombre d'observations astronomiques; il imagina un système qui attira l'attention des savants. Ce système qui n'était qu'un composé du système de Copernic et de celui de Ptolémée, n'eut qu'un succès passager.

Tycho-Brahé admit que la Terre est immobile au centre des mouvements de la Lune et du Soleil. Ces deux astres accomplissent leur révolution autour de la Terre et au centre de la sphère des étoiles.

La sphère des étoiles tourne rapidement sur elle-même en vingt-quatre heures, entraînant avec tous les astres le Soleil, la Lune et les planètes; et ainsi a lieu la succession du jour et de la nuit (fig. XIV).

Ce système a été sur le point de prévaloir; mais Kepler, astronome allemand, en donnant des lois sur les mouvements des planètes, rendit au système de Copernic tous ses droits; il est maintenant universellement adopté parce qu'il donne le moyen de rendre raison de tous les phénomènes. Plus on multiplie les observations, plus le système de Copernic se confirme.

Les astronomes en parlant du mouvement des astres s'énoncent toujours d'après le système de *Ptolémée*, et ils disent que le Soleil se lève, passe au méridien, se couche pour recommencer sa carrière; mais ce n'est qu'une manière de parler.

Comment les astronomes s'expriment-ils?

Le système planétaire, d'après l'opinion des astronomes les plus célèbres, n'est qu'un faible point dans l'immensité de l'espace où un nombre infini d'étoiles sont autant de soleils, centres de systèmes planétaires probablement assez semblables au nôtre. Nous avons vu qu'à l'aide des plus puissants instruments, on est parvenu à découvrir un grand nombre de systèmes solaires, composés de plusieurs étoiles dont les plus petites tournent autour de la principale.

Notre système planétaire est-il unique dans l'univers?

D'après cela, on peut considérer notre Globe comme un atome inappréciable, lancé dans les vastes régions du Ciel, où il tourne autour d'une étoile (le Soleil) qui, *vue de Sirius*, par exemple, paraîtrait à peine de la troisième grandeur.

DU SOLEIL.

Qu'est-ce que le Soleil?

Le Soleil est un corps sphérique, lumineux par lui-même, d'une grosseur prodigieuse, placé au centre de notre système planétaire, il est pour nous la source de la lumière et de la chaleur.

Quelle est la distance du Soleil à la Terre?

La distance moyenne du Soleil à la Terre est de **38,000,000** lieues à peu près, ou **15,349,000** myriamètres. Le diamètre de cet astre est de **320,000** lieues ou **140,000** myriamètres; son volume égale à peu près **1,400,000** fois celui de la Terre.

Quel procédé emploie-t-on pour déterminer la distance du Soleil à la Terre?

La détermination de la distance du Soleil à la Terre est, sans contredit, un des problèmes astronomiques dont la solution excite le plus d'étonnement et de défiance dans le vulgaire: c'est une des questions délicates de la science. Néanmoins on peut se faire une idée du procédé employé pour l'obtenir.

Quand le Soleil a son centre sur l'horizon, le rayon visuel A, S (f. XV), mené du lieu de l'observation à ce centre, est dans le plan même de l'horizon, et par conséquent forme un angle droit Z, A, S avec la verticale du lieu A, Z.

Mais, si au lieu d'être en un point A de la surface,

l'observateur était au centre o de la Terre, le rayon visuel, mené vers ce même point s, suivrait une direction s, o et formerait avec la verticale o, a, z un angle aigu z, o, s et avec le premier rayon visuel a, s un autre angle aigu a, s, o. Ce dernier angle, formé par le rayon visuel mené du lieu d'observation au centre du soleil placé dans le plan de l'horizon, et par le rayon visuel supposé mené du centre de la Terre au centre du Soleil, est ce qu'on appelle la *parallaxe horizontale*, ou simplement la *parallaxe de l'astre*. Si maintenant on considère le triangle a, s, o, on verra que l'un de ses côtés est précisément la distance du Soleil à la Terre, et que, en déterminant la valeur réelle de ses côtés, on aurait résolu le problème que nous énoncions en commençant. Or, la trigonométrie fournit le moyen de calculer la longueur du côté a, s, qui est de 38,000,000 de lieues, 153,491,215 kilomètres. Cette distance a, de l'aveu des astronomes, une certaine incertitude.

Quelle comparaison peut donner une idée d'une distance aussi considérable ?

Pour donner une idée de ce qu'est une distance aussi considérable que 153,491,000 kilomètres, il est bon de dire qu'une locomotive faisant 50 kilomètres par heure (ce qui est la plus grande vitesse), mettrait 350 ans environ à atteindre le Soleil. Le son emploierait 15 ans à nous parvenir du Soleil, en supposant que l'atmosphère existât pour le transmettre dans tout l'intervalle ; la lumière franchit cette distance en 8 minutes 18 secondes.

Quel est l'aspect du Soleil ?

Le Soleil nous offre toujours l'aspect d'un disque arrondi et lumineux ; mais il n'en faut pas conclure que la surface en soit réellement plate, car tous les corps ronds, vus de loin, présentent la même apparence. Lorsqu'on examine cet astre avec de puissants télescopes, où son trop grand éclat est adouci par des verres colorés ou enfumés, on aperçoit des taches noires d'une forme irrégulière et variable. Ces taches parcourent le disque solaire durant quatorze jours environ, elles disparaissent pendant un temps à peu près égal, et reparaissent de nouveau. L'existence de ces taches a fait conjecturer à Herschell que le corps du Soleil est un noyau obscur et solide dont quelques parties sont mises à découvert par l'effet des oscillations de l'atmosphère lumineuse qui l'entoure.

Que prouve le déplacement transversal de ces taches?

Le déplacement transversal de ces taches prouve que le Soleil a un mouvement de rotation dirigé d'Occident en Orient. En observant le temps qu'une tache met à parcourir le disque et à revenir au même point, on trouve que le Soleil met 25 jours et demi à faire un tour complet sur lui-même. Ce mouvement de rotation prouve que le Soleil est un corps arrondi ou en forme de Globe.

Quelle est l'opinion de Laplace et d'Herschell?

Laplace, auteur d'un livre intitulé *Mécanique Céleste*, considère le Soleil comme un corps en combustion. Il admet que du sein des volcans qu'il renferme, s'élancent des gaz enflammés qui traversent le système planétaire en portant partout la lumière et la chaleur. Herschell, comme nous l'avons vu, pense que le Soleil est une masse solide enveloppée d'une atmosphère lumineuse. L'opinion de cette atmosphère lumineuse s'appuie sur le phénomène de la lumière zodiacale. Cette lumière est une lueur bleuâtre assez rare pour laisser voir derrière elle les étoiles; elle accompagne le Soleil, et on l'aperçoit lorsque cet astre est déjà au-dessous de l'horizon.

Quelles sont les opinions sur la nature de la lumière zodiacale?

Il y a deux opinions sur la nature de la lumière solaire: Newton a imaginé que le Soleil et tous les corps lumineux ont la propriété de lancer autour d'eux des particules lumineuses infiniment petites. Ce système s'appelle: *Système de l'Emission.*

Seconde opinion.

La seconde opinion, généralement adoptée, imagine que dans l'espace est répandu un fluide nommé *éther*, infiniment subtil, et que le Soleil, ainsi que tous les corps célestes lumineux par eux-mêmes, a la propriété de faire vibrer ce fluide; la lumière est produite par ces vibrations. Des expériences nombreuses viennent à l'appui de cette hypothèse. Ce système se nomme le *Système des Ondulations*. Il est dû à Descartes.

ÉLÉMENTS NUMÉRIQUES

DE L'HISTOIRE DE LA TERRE ET DU SOLEIL.

1° De la Terre.

Volume = 1,082,841 millions de kilom. cubes.

Surface = 509,950,820 kil. carrés, ou 50,995 millions d'hectares.

Long^r du méridien = 40,003 kilom. 424

Long^r de l'équateur = 40,070 kilom. 376.

Rayon équatorial = 6,377 kilom. 398.

Rayon polaire = 6,356 kil. 080.

Différence entre ces deux rayons = 21,318 mètres.

Aplatissement = 1/299 du rayon équatorial.

Densité moyenne de la terre (d'après Cavendish) = 5,44 par rapport à l'eau.

2° Du Soleil.

Vol^me = 1,404,928 fois celui de la terre, ou 1,082,841 millions kilomètres cubes × 1,404,928 =

Surface = 12,544 fois celle de la terre, ou 509,950,820 kil. car. × 12,544.

Rayon de la sphère du soleil = 112 fois le rayon équatorial.

Diamètre apparent du soleil de 32'35" à 31'31".

Parallaxe du soleil = 8",57.

Distance moyenne du soleil à la terre = 24,000 fois rayon équatorial, ou 6,377 kilom. 398 × 24,000 =

Dist^ce au périhélie = 23,600 rayons.

Dist^ce à l'aphélie = 24,400 rayons.

Densité moyenne du soleil = 1,37 par rapport à l'eau 0,253 de celle de la terre.

Durée de la rotation du soleil sur lui-même = 25 j. 8 h. 9 minutes 36 secondes.

Longueur de l'année tropique = 365 j^rs solaires moyens 2,422.

1 jour solaire moyen = 1 jour sidéral 3 minutes 56 secondes 5 dixièmes.

DES PLANÈTES.

Les planètes sont des corps opaques qui nous apparaissent parce qu'ils réfléchissent la lumière du Soleil. Ces astres, la plupart aussi brillants que les plus belles étoiles, ne conservent pas comme celles-ci leurs distances respectives; mais ils changent de position plus ou moins rapidement par rapport aux étoiles: c'est ce qui les a fait nommer *Planètes* ou *Astres errants*.

Qu'est-ce que les planètes?

Les planètes se distinguent encore des étoiles, en ce que, vues au télescope, elles offrent, comme la lune, une lumière uniforme et tranquille, tandis que la lumière des étoiles est vacillante ou tremblante, ce qui constitue le phénomène de la scintillation, tout-à-fait étranger aux planètes.

Comment les planètes se distinguent-elles encore des étoiles?

Les planètes ont la forme sphéroïdale, et se meuvent suivant des lois constantes. Ce n'est qu'après bien des observations qu'on a pu donner des lois positives du mouvement des corps célestes, et que l'on est parvenu à découvrir les forces qui en règlent tous les mouvements.

Quelle est la forme des planètes?

Nous avons vu que tous les corps célestes restent suspendus et se meuvent dans l'espace suivant des lois dont la découverte a immortalisé l'illustre New-

Quelles son les lois qui régissent tous les mouvemens des planètes?

ton. Ces lois sont: 1° que tous les corps exercent les uns sur les autres une force d'*Attraction* ou *centripète*, et que cette attraction a lieu en raison directe des masses et en raison inverse des carrés de leur distance; 2° que tout corps qui tourne, en obéissant à une force de *répulsion* ou *centrifuge*, tend à s'éloigner du centre autour duquel il tourne, en suivant une ligne tangente à la courbe qu'il décrit.

Quel est le plus grand centre d'attraction de notre système planétaire?

Le Soleil étant le plus grand astre de notre système planétaire, est le plus grand centre d'attraction. Toutes les planètes, sollicitées par une force de projection constante, décrivent autour du Soleil des courbes planes qu'on appelle *ellipses*. Les ellipses décrites par les planètes et les comètes autour du Soleil prennent le nom d'orbites. Dans une ellipse (fig. III), on distingue: 1° le centre; 2° les deux foyers; 3° le grand axe qui passe par le centre et les deux foyers; 4° le petit axe qui coupe le grand axe perpendiculairement au centre. La distance qui se trouve entre le centre et les foyers se nomme *excentricité*.

Quelle place occupe le Soleil?

Le Soleil occupe un des foyers de l'ellipse, alors la planète n'est pas toujours également éloignée du Soleil; lorsqu'elle est dans son plus grand rapprochement, on dit qu'elle est à son *périhélie;* elle est à son *aphélie* lorsqu'elle est à son plus grand éloignement.

Par analogie, on dit qu'un astre est à son *périgée* quand il est à son plus grand rapprochement de la Terre, et qu'il est à son *apogée* lorsqu'il est dans son plus grand éloignement.

Quand dit-on qu'un astre est à son périgée, à son apogée?

L'aphélie et le périhélie se nomment *Apsides*, de même que l'apogée et le périgée; et la ligne qui joint, soit le périhélie à l'aphélie, soit le périgée à l'apogée, se nomme *ligne des Apsides*.

Qu'appelle-t-on Apsides?

Le mouvement des planètes autour du Soleil n'est pas uniforme; on remarque qu'il est plus rapide au périhélie qu'à l'aphélie et plus lent à l'aphélie. Le système de gravitation universelle donne la raison de cette variation dans la vitesse du mouvement. Plus l'astre est près du Soleil, plus il est sollicité par la force d'attraction et plus il doit tomber vite; mais tomber, à cause de la force de projection, ce n'est que décrire la courbe: donc la courbe doit être décrite plus vite au périhélie qu'à l'aphélie.

Le mouvement des planètes est-il uniforme?

Toutes les planètes ont un mouvement de translation autour du Soleil, mais il est prouvé que chaque planète a de plus un mouvement de rotation sur elle-même. Cela est démontré par les taches remarquées au moyen du télescope à la surface des planètes; ces taches se meuvent et, de cette observation, on a conclu que les planètes ont un mouvement de rotation dont on a pu calculer les lois.

Quels mouvements ont les planètes?

Les orbites des planètes ne sont pas toutes dans le même plan, on prend pour point de comparaison l'Ecliptique. Le plan de toutes les autres orbites est

Les orbites des planètes sont-elles dans le même plan?

plus ou moins incliné à celui de l'Ecliptique. Cette inclinaison n'excède pas 8 degrés de chaque côté pour les planètes anciennement connues, de sorte que la révolution s'en fait dans la largeur du Zodiaque.

Qu'appelle-t-on nœuds ?

Puisque les orbites sont ainsi inclinées, elles coupent l'Ecliptique chacune en deux endroits. Ces deux points s'appellent *nœuds*. Le nœud est dit *ascendant* lorsque la planète passe du Sud au Nord ; il est *descendant*, au contraire, quand la planète passe du Nord au Sud.

Combien les anciens comptaient-ils de planètes ?

Les anciens ne connaissaient que six planètes ; jusqu'en **1845**, on n'en avait découvert que **11** ; de **1845** à **1862**, on en a découvert un grand nombre d'autres. Voici les noms des principales planètes avec leur distance au Soleil et le temps de leur révolution autour de cet astre.

Noms.	Distance au Soleil.	Révolutions.
Mercure. .	59,000,000 k.	88 jours
Vénus . . .	110,000,000	224 » 6 heures
La Terre. .	153,000,000	365 » 16 »
Mars . . .	234,000,000	1 an 322 »
Vesta . . .	364,000,000	3 ans 240 »
Junon . . .	409,000,000	4 » 130 »
Cérès . . .	424,500,000	4 » 220 »
Pallas. . .	424,700,000	id. »
Jupiter . .	798,000,000	11 » 315 »
Saturne . .	1,464,000,000	29 » 166 »
Uranus . .	2,943,000,000	84 » 7 »
Neptune. .	4,590,000,000	166 » »»» »

Mercure, Vénus, Mars, Jupiter et Saturne, remarquables par leur beauté, ont été connues de tout temps, parce qu'elles sont visibles à l'œil nu. Ces cinq grandes planètes et Uranus sont toujours dans la zone du Ciel appelée Zodiaque et pour cette raison ont reçu le nom de *Planètes zodiacales ;* les autres planètes s'appellent *ultra zodiacales* ou *télescopiques.* Elles ont été plus récemment découvertes et ne sont jamais visibles qu'au télescope.

Qu'appelle-t-on Planètes zodiacales? inférieures? supérieures?

Mercure et Vénus sont appelées planètes *inférieures* parce qu'elles sont plus près du Soleil que la Terre ; par opposition, les autres planètes sont appelées planètes *supérieures.*

On dit qu'une planète est en *conjonction* quand elle est vers le même degré du Zodiaque que le Soleil ; elle est en *opposition* quand elle paraît dans le point du Ciel opposé à celui où se trouve le Soleil ; cela a lieu pour les planètes supérieures. Quant aux planètes inférieures, elles ont deux conjonctions, l'une supérieure au-delà du Soleil, l'autre inférieure en-deçà de cet astre.

Qu'entend-on par Conjonction et par Opposition ?

Les *Satellites* des planètes, nommés aussi planètes du second ordre, sont des corps opaques soumis aux mêmes lois que tous les corps célestes, exécutant autour de certaines planètes d'Occident en Orient, un mouvement de rotation, et qui sont entraînés avec la planète qu'ils accompagnent dans la révolution que celle-ci décrit autour du Soleil.

Qu'appelle-t-on Satellites?

Quelles planètes ont des satellites?

Jusqu'à présent, on ne connaît que cinq planètes qui sont accompagnées de satellites; ce sont la *Terre* qui a pour satellite la Lune; *Jupiter* qui a quatre satellites; *Saturne* qui en a sept; *Uranus* qui en a six et *Neptune* qui en a deux.

DES DIVERSES PLANÈTES,

DE LEURS MOUVEMENTS, DE LEURS SATELLITES.

MERCURE.

Quel est l'aspect de Mercure?

Mercure offre l'aspect d'une étoile de moyenne grandeur. Cette petite planète, la plus rapprochée du Soleil, est rarement visible à l'œil nu, parce qu'elle est presque toujours engagée dans les rayons du Soleil. Elle se montre à l'horizon, le matin, un peu avant le lever du Soleil, ou le soir après son coucher. Cette planète tourne sur son axe en 24 heures, 5 minutes, 28 secondes.

VÉNUS.

Quelle est l'apparence de Vénus?

Vénus est la plus belle de toutes les planètes; elle offre l'apparence d'une étoile blanche très-brillante. L'intensité de son éclat est égale à la lumière que présentent vingt étoiles de première grandeur. Cette planète est nommée communément *Etoile du matin* ou *Lucifer*, quand elle précède le lever du Soleil, et *Etoile du soir* ou du *Berger*, ou encore *Vesper*, quand elle brille le soir après le coucher du Soleil. La plus grande durée de son apparition, le matin ou le soir, est de trois ou quatre heures.

Les passages de Vénus devant le disque du Soleil, donnent le moyen le plus exact que l'on connaisse de déterminer la distance du Soleil à la Terre. Ces passages sont fort rares, et ne se reproduisent qu'à des intervalles alternatifs de 8 ans et de 113 ans 1/2. Le dernier passage, arrivé le 3 juin 1769, donna lieu à trois grandes expéditions ordonnées par la France, l'Angleterre et la Russie, pour aller l'observer de différents points de la Terre. Le premier passage aura lieu le 8 décembre 1874, et ne sera pas visible à Paris; le passage suivant aura lieu le 6 décembre 1882.

Quel est le moyen de déterminer la distance du Soleil à la Terre?

Vénus tourne sur son axe en 23 heures, 21 minutes, 17 secondes. La chaleur et la lumière y sont deux fois plus intenses que sur notre Terre.

DE LA TERRE.

La Terre a la forme sphérique, nous trouvons la preuve de ce phénomène dans les apparences terrestres et les phénomènes célestes.

Quelle est la forme de la Terre?

. Si la surface de la Terre était plane, les objets qui s'éloignent ou qui se rapprochent dans une vaste plaine, ou sur la haute mer, sembleraient seulement diminuer ou augmenter de volume, mais on les verrait toujours en entier tant qu'ils ne seraient pas hors de la portée de la vue. Cependant, lorsqu'on s'approche d'une montagne, on aperçoit d'abord le sommet A (fig. XVII) de la montagne, puis le milieu C, puis la base B. On ferait une observation analogue sur un vaisseau qui s'éloigne du port et ces effets se reproduisent d'une manière uniforme sur toute la Terre, soit qu'on se dirige à l'Est ou à l'Ouest, au Nord ou au Midi, ce qui prouve évidemment que la surface de la Terre est également courbée de tous côtés.

Par quelles expériences a-t-on prouvé la forme sphérique de la terre?

La forme sphérique de la Terre a été prouvée par les voyages des navigateurs autour de la Terre. En partant du Portugal et se dirigeant toujours vers l'Occident, Magellan, le premier en 1519, entreprit de faire le tour de la Terre. Depuis, une foule de marins ont fait ce voyage, et ont ajouté de nouvelles preuves à celles qu'on avait déjà.

Lorsqu'on examine la Lune dans ses éclipses, l'ombre projetée par la Terre sur la surface de la Lune est de forme circulaire.

Enfin, les observations astronomiques n'ont laissé aucun doute sur la convexité de la Terre ; en constatant la courbure de la surface de la Terre, elles ont toutefois indiqué que son ensemble est un sphéroïde légèrement aplati vers les pôles.

Cet aplatissement est d'environ **20** kilomètres **1/2** ou **1/305** du rayon de la Terre.

Pour reconnaître la grosseur du Globe Terrestre, on a observé qu'à midi le Soleil était d'un degré plus bas à Amiens qu'à Paris, d'où l'on a conclu que la Terre a un degré de courbure depuis Paris jusqu'à Amiens. Or, cette distance, mesurée du Midi au Nord, s'est trouvée de **25** lieues ou **111** kilomètres; d'où il suit que la circonférence entière, ou le tour de la Terre, est de **9,000** lieues ou **40,000** kilomètres environ. Le diamètre de la Terre est de **12,733** kilomètres; sa surface a plus de **5,000,000** de myriamètres carrés, la mer en recouvre les 3/5es; son volume est de **1,079,225,800** myriamètres cubes.

Quelle est la grosseur du Globe Terrestre ?

La Terre, en tournant autour du Soleil, dans sa course annuelle, décrit, comme toutes les autres planètes, une ellipse qui prend le nom d'Ecliptique; le Soleil occupe un des foyers de l'ellipse, le temps que la Terre met à parcourir son orbite autour du Soleil, et à revenir au même équinoxe ou au même solstice, s'appelle année *équinoxiale*, ou *tropique*, ou *astronomique*.

Quelle courbe la Terre décrit-elle autour du Soleil ?

La Terre a une vitesse inégale dans son orbite; son mouvement est plus rapide au périhélie qu'à l'aphélie; eu égard à cette inégalité, le Soleil paraît mettre plus de temps à parcourir les signes septentrionaux que les signes méridionaux, de là vient

Quelle est la vitesse du mouvement de la Terre ?

que les saisons ont une durée inégale. L'hiver est de 89 jours; l'automne de 89 jours 1/2, le printemps de 93 jours et l'été de 93 jours 1/2. L'été est la plus longue des saisons et l'hiver la plus courte dans notre hémisphère boréal; le contraire a lieu dans l'hémisphère austral. Cette différence dans le mouvement de la Terre produit aussi l'inégalité qu'on observe dans la durée des jours.

On considère trois sortes de jours: le jour *sidéral*, le jour *solaire* et le jour *moyen*.

Qu'est-ce que le jour sidéral?

Le jour *sidéral* est le temps qu'emploie une étoile qui est au méridien pour revenir au même méridien.

.... solaire?

Le jour *solaire* est le temps qu'emploie le Soleil partant du méridien pour revenir au même méridien. On le nomme jour *solaire vrai*.

Ces deux jours sont-ils égaux?

A cause du mouvement propre du Soleil, le jour *sidéral* est plus court que le jour *solaire* d'environ 4 minutes. Mais la Terre, dans son ellipse, se meut tantôt moins vite, tantôt plus vite, selon sa distance au Soleil. Réciproquement, la marche du Soleil paraît tantôt accélérée et tantôt retardée.

Qu'appelle-t-on jour moyen?

Pour établir un terme moyen entre ces accélérations et ces retards, on imagine un astre fictif qui s'avance tous les jours d'un mouvement uniforme, sur l'Equateur, d'Occident en Orient, et on nomme jour moyen le temps que cet astre fictif, partant du méridien, met à y revenir.

Le jour sidéral est plus court que le jour vrai et

que le jour moyen ; le jour vrai est tantôt plus long, tantôt moins long que le jour moyen.

On nomme *Equation de temps* la différence qui existe pour chaque jour entre le jour vrai et le jour moyen. Le temps indiqué par une horloge parfaitement réglée est le *temps moyen*, la marche en est uniforme comme celle de l'astre fictif que nous supposons parcourir l'Equateur uniformément.

Qu'appelle-t-on Equation de temps ?

Nos horloges ne marquent donc pas réellement la marche du Soleil ; mais si l'on applique à une même horloge deux mouvements faisant mouvoir deux aiguilles, l'une d'elles marquant le temps vrai, et l'autre le temps moyen, cette horloge se nomme *Pendule à Equations*. Les deux aiguilles de cette horloge ne s'accordent que quatre fois par an : le 24 décembre, le 15 avril, le 15 juin et le 31 août ; le reste du temps elle devra s'en écarter plus ou moins, et la différence entre le jour solaire et le jour moyen ira jusqu'à un quart d'heure d'avance et autant de retard.

Que marquent nos horloges ?

Quoique la Terre ne soit pas toujours à la même distance du Soleil, il ne faut pas croire que ce soit toujours cette même différence d'éloignement qui nous donne l'hiver et l'été. C'est précisément à la fin de décembre que la Terre est plus près du Soleil, tandis qu'au mois de juin, elle en est plus éloignée d'environ 600,000 myriamètres.

Est-ce la distance de la Terre au Soleil qui produit les saisons ?

Il fait plus froid l'hiver par suite de trois causes distinctes qui concourent au même but : 1° le temps plus ou moins long que le Soleil passe sur l'horizon ; les nuits d'hiver durent environ 16 heures sur 24 ;

Quelles sont les principales causes qui concourent aux variations de la température ?

l'horizon recevant la chaleur du Soleil 16 heures en été et seulement 8 heures en hiver, il doit en résulter, dans le premier cas, une température bien plus élevée que dans le second; 2° la seconde cause est due à l'obliquité des rayons solaires, bien plus forte en hiver qu'en été, car, pendant l'hiver, le Soleil s'élève peu au-dessus de l'horizon, et ses rayons y arrivent très-obliquement, tandis qu'ils tombent presque perpendiculairement pendant l'été; 3° la troisième cause provient de la trop grande perte de chaleur que les rayons éprouvent en traversant par suite de leur obliquité, une plus grande atmosphère et des couches d'air beaucoup plus denses, tandis que l'été, par la raison contraire, ils arrivent à la Terre avec presque toute leur force.

Quelle est la hauteur et l'effet de l'atmosphère ?

La Terre est environnée d'une atmosphère, mélange de différents fluides, qui entoure le Globe jusqu'à la hauteur de 70 à 90 kilomètres, c'est l'air que nous respirons. Le principal effet de l'atmosphère par rapport à la Cosmographie est la *Réfraction* et la *Réflexion*.

Qu'est-ce que la Réfraction ?

La *Réfraction* atmosphérique est une illusion d'optique qui nous fait paraître les astres plus haut qu'ils ne le sont réellement. On démontre en physique que les rayons de lumière se brisent obliquement en traversant des milieux de densités différentes. C'est ainsi qu'un bâton plongé dans l'eau paraît brisé; les rayons de lumière solaire en traversant des couches d'air de plus en plus denses, sont brisés, de telle sorte que leur direction, au lieu d'être en ligne droite, est en ligne courbe, et déjà l'astre est couché que nous le voyons encore, et il n'est pas au-dessus de l'horizon que nous le voyons déjà. La réfraction astronomique retarde donc la disparition des astres et hâte leur apparition.

Par la *Réflexion*, l'atmosphère nous envoie les rayons lumineux comme un miroir. Quelque temps avant le lever du Soleil et quelque temps après son coucher, plusieurs rayons de la lumière diffuse, déviés de leur direction par la réfraction et réfléchis par l'atmosphère, arrivent encore à la surface de la Terre et produisent le demi-jour appelé *Aurore* le matin et *Crépuscule* le soir. L'Aurore et le Crépuscule proviennent donc du double phénomène de la réfraction et de la réflexion que les couches supérieures de l'atmosphère font éprouver aux rayons du Soleil situés sous l'horizon. La durée de l'Aurore et du Crépuscule varie selon les lieux et les saisons. A Paris, l'un succède presque immédiatement à l'autre dans le mois de juin, de sorte qu'il n'y a plus de nuit proprement dite. **Quel est l'effet de la Réflexion?**

La Terre n'a qu'un satellite qui est la *Lune*. Cet astre étant, après le Soleil, le plus lumineux et le plus intéressant pour nous, nous nous en occuperons plus particulièrement. **Quel est le satellite de la Terre?**

DE LA LUNE.

Qu'est-ce que la Lune relativement à la Terre?

La *Lune*, comme toutes les autres planètes, reçoit sa lumière du Soleil; c'est un corps opaque, à peu près sphérique, 49 fois plus petit que la Terre, autour de laquelle il tourne en décrivant une ellipse dont la Terre occupe un des foyers. La succession régulière des mouvements auxquels cet astre est soumis, sa grande proximité de la Terre, et les singularités qu'il présente ont, depuis longtemps, fixé l'attention des astronomes. Les premiers qui cherchèrent à déterminer la distance de la Lune à la Terre furent Aristarque de Samos et Hipparque.

Quelle est la distance de la Lune à la terre?

La distance moyenne du centre de la Lune au centre de la Terre égale 60 fois la longueur du rayon terrestre ou 38,000 myriamètres. On a pu déterminer cette distance à moins de 10 myriamètres. Le diamètre de la Lune égale les 3/11 de celui de la Terre ou 347 myriamètres 1/2. Son volume est seulement la 49e partie de celui de la Terre (1).

A quoi sont dues les taches de la Lune?

Il suffit de regarder la Lune avec une lunette ordinaire ou même à l'œil nu, pour distinguer sur son disque des taches, qui sont dues à des inégalités de sa surface, absolument semblables à nos montagnes. Ces taches sont constantes; on en conclut que la Lune

(1) On a mesuré cette distance en employant le procédé indiqué pour trouver la distance du Soleil à la Terre.

nous montre toujours la même face ou le même hémisphère et que l'autre nous est à tout jamais caché. Ce fait nous révèle un nouveau mouvement de notre satellite qui est le mouvement de rotation.

Y a-t-il des montagnes dans la Lune et comment peut-on s'en convaincre?

La constance qui caractérise les taches de la Lune a permis de les étudier avec le plus grand soin. Rien n'est plus varié que leur forme et leur coloration. L'existence des montagnes de la Lune n'est plus une simple hypothèse et nous avons pu étudier ces saillies de notre satellite presque aussi bien que celles de notre Globe. Quand la Lune a la forme d'un croissant, si on la regarde avec une lunette, on voit que la ligne intérieure du croissant, au lieu d'être unie comme le bord extérieur, présente des dentelures nombreuses qui accusent les inégalités du sol. On aperçoit même dans la partie obscure, à une petite distance de la ligne d'illumination, des points brillants isolés; ce sont des sommets de montagnes encore éclairés par le Soleil, tandis que la plaine environnante est dans l'ombre. Galilée, qui le premier a reconnu et mesuré les montagnes de la Lune, estimait que la distance des points brillants isolés à la ligne d'illumination, au moment de la quadrature, peut égaler 1/20 du diamètre de la Lune, ce qui donne pour la hauteur des montagnes de la Lune 1/400 du diamètre de la Lune, soit 8,000 mètres environ.

Quelle est la hauteur des montagnes de la Lune?

Les montagnes de la Lune ont presque la hauteur de nos montagnes les plus élevées; le Dawaladjiri (Himalaya), la plus haute montagne de notre Globe, a 8,529 mètres ; le Chimboraçao a 5,955 mètres. Si l'on réfléchit d'ailleurs que le rayon de la sphère lunaire est environ 1/4 du rayon terrestre, on conclut immédiatement que les inégalités de notre satellite sont bien plus saillantes que celles de notre Terre.

Les montagnes de la Lune sont-elles nombreuses et quel caractère présentent-elles ?

Les montagnes de la Lune sont très-nombreuses: les unes forment des chaînes ou s'élèvent en pics élevés. Le pic Leibnitz a plus de 8,000 mètres d'élévation ; le pic Dorfel a 8,000 mètres. Mais la plupart des montagnes de la Lune présentent le caractère volcanique et ressemblent au Vésuve ou aux volcans éteints de l'Auvergne ; ce sont des montagnes coniques au centre desquelles s'ouvrent des cratères larges et profonds. Dans le cratère on voit l'ombre projetée par le rebord du côté du Soleil, ce qui prouve l'existence d'une excavation. Le fond du cratère est ordinairement plus bas que le niveau de la surface de la Lune. Les volcans lunaires sont beaucoup plus considérables que les volcans terrestres. Le cratère Bernouilli a 25,900 mètres d'ouverture et 5,800 mètres de profondeur; tandis que notre Etna n'a que 3,500 mètres de diamètre.

Y a-t-il des volcans dans la Lune et en quel état sont-ils maintenant ?

Les volcans qui existent à la surface de la Lune paraissent aujourd'hui complètement éteints, car on n'aperçoit aucune lueur dans la partie non éclairée de la Lune ni pendant les éclipses de Lune. A la vérité, William Herschell dit avoir aperçu, le 19 avril 1787, trois volcans en ignition, il prétend même que les objets voisins des cratères étaient faiblement éclairés par la lueur des volcans. Schroter, en 1788, crut voir près du grand cratère Hévélius un nouveau cratère de 9,000 mètres d'ouverture. Mais il est probable que ces deux célèbres astronomes ont été trompés par des jeux de lumière ou par quelque illusion d'optique. La force intérieure qui a produit, à une époque reculée, les énormes irruptions volcaniques dont la Lune porte les traces, paraît aujourd'hui complètement éteinte. La Lune, dans son ensemble, offre l'aspect d'une pierre calcinée.

Quelle est l'opinion des savants sur la Lune ?

La Lune n'a ni atmosphère ni eau, car nous n'apercevons, avec nos meilleures lunettes, rien qui ressemble à des amas d'eau, quelque peu considérables qu'on les suppose. La Lune est formée de parties essentiellement solides ; elle ne réalise aucune des conditions que nous regardons comme nécessaires à la vie, et ne doit renfermer ni animaux ni végétaux. D'ailleurs, privée d'atmosphère, elle doit subir de brusques variations de température auxquelles peu d'êtres organisés pourraient résister. C'est donc, en résumé, pour nous, un Globe exclusivement solide, sans eau ni atmosphère, absolument inhabité et dont les forces volcaniques ont seules manié la surface et soulevé les inégalités considérables.

RÉSUMÉ

des Éléments numériques de l'histoire de la Lune.

Volume $= \frac{1}{50}$ ou 0,02 du volume de la Terre.

Surface = 1/4 ou 0,0714 de la surface terrestre.

Diamètre apparent = 29' 20" à 33' 30".

Parallaxe = 57'

Distance de la Lune à la Terre = 60 rayons terrestres.

Diamètre réel = 0,2719 du rayon terrestre.
ou 3,460 kilomètres.

Pesanteur à la surface de la Lune = 1/6 de la pesanteur à la surface de la Terre.

Durée de la lunaison = 29 jours, 12 heures, 44 minutes, 2 secondes.

Durée de la révolution sidérale = 27 jours, 7 heures, 43 minutes, 11 secondes.

Hauteur des montagnes de la Lune = 6,000 à 8,000 mètres.

Rapport du petit axe au grand axe lunaire = 0,992.

Quel est le mouvement de la Lune?

C'est en tenant compte des déplacements de la Terre, et en examinant chaque jour la direction et la distance de la Lune, qu'on a vu que cet astre a un mouvement elliptique autour de la Terre.

Quelle est la position de l'orbe lunaire par rapport à l'Ecliptique?

Le plan de l'orbe lunaire est incliné, tantôt plus, tantôt moins sur le plan de l'Ecliptique. La moyenne de cette inclinaison est de 5° 8' 49".

Ces deux plans se coupent suivant une droite qu'on

nomme *Ligne des nœuds*, et les points d'intersection des deux orbes se nomment *nœuds*. Les nœuds sont distingués comme ceux des planètes en *nœud ascendant* et en *nœud descendant*, suivant que la Lune se dirige vers le Nord ou vers le Sud.

Quelle est la marche de la Lune et sa direction?

Le mouvement de la Lune est beaucoup plus rapide que le mouvement apparent du Soleil; elle s'avance chaque jour vers l'Est de 13° 10' 35'', tandis que le Soleil ne paraît s'avancer que d'un degré environ, et elle ne se trouve avec cet astre, au même point du Ciel, qu'après 29 jours 1/2.

Qu'appelle-t-on Révolution sidérale?

En rapportant le mouvement de la Lune à une étoile fixe, on voit que la Lune se retrouve au méridien avec l'étoile après 27 jours 1/3 à peu près. Cette révolution se nomme *Révolution sidérale*. Nous avons vu que la Lune ne se retrouve avec le Soleil qu'après 29 jours 1/2; c'est que la Terre s'est déplacée par rapport à cet astre, et, comme on sait que le déplacement est d'un degré environ par jour, la Lune, lorsqu'elle accomplit sa révolution sidérale, a encore 27 degrés à parcourir pour se retrouver avec le Soleil, il lui faut pour cela deux jours environ. Cette période de 29 jours 1/2 constitue le mois *lunaire* ou la *Révolution synodique*, ou encore la *Lunaison*.

DES PHASES DE LA LUNE.

Qu'appelle-t-on Phases de la Lune?

La Lune, en tournant autour de la Terre en 29 jours, se trouve pendant sa révolution dans diverses positions par rapport au Soleil, et c'est à ces positions différentes qu'on doit ce qu'on appelle les ***Phases de la Lune***.

Quand et comment ces phases se forment-elles ?

Lorsque la Lune se trouve entre le Soleil et la Terre, nous ne pouvons l'apercevoir, parce que l'hémisphère qu'elle tourne vers la Terre est tout-à-fait dans l'ombre. On est alors au moment de la *Nouvelle Lune* ou de la *Conjonction*. La Lune, en s'avançant dans son orbite, montre progressivement la partie éclairée ; on la voit d'abord sous la forme d'un croissant lumineux dont les extrémités sont tournées vers l'Est.

Le huitième jour, on la voit sous la forme d'un demi-cercle, parce que la partie éclairée est tournée vers la Terre ; c'est le *premier quartier*.

Le quinzième jour, la Lune ayant accompli la moitié de sa révolution, tourne vers la Terre toute sa partie éclairée, et paraît toute ronde ; c'est le temps de la *pleine Lune* que l'on appelle *Opposition*, parce que la Lune est alors du côté opposé au Soleil par rapport à la Terre.

A mesure que la Lune s'éloigne de l'opposition, la partie éclairée qu'elle montre à la Terre diminue progressivement, et le vingt-deuxième jour on n'en voit plus que la moitié ; c'est le *dernier quartier*, qui bientôt ne paraît plus que sous la forme d'un croissant dont les extrémités sont tournées vers l'Ouest, et disparaît enfin entièrement lorsque la Lune se trouve de nouveau, au bout de 29 jours 1/2, entre le Soleil et la Terre.

Lorsque la Lune est au premier ou au dernier quartier, on dit qu'elle est en *quadrature;* alors la ligne menée de la Lune à la Terre forme un angle droit avec celle qui joint la Terre au Soleil. La conjonction et l'opposition se nomment *syzygies*.

Qu'entend-on par quadrature et syzygies?

C'est pendant que les deux astres sont en conjonction qu'ont lieu les éclipses de soleil, puisque la Lune étant entre notre Globe et le Soleil, peut quelquefois nous cacher ce dernier astre. C'est dans les oppositions que doivent avoir lieu les éclipses de lune, puisque la Terre se trouvant entre le Soleil et la Lune, peut en certaines circonstances projeter son ombre sur la Lune et l'éclipser entièrement.

A quel moment ont lieu les Eclipses de Soleil et celles de Lune?

MARS.

Mars est la plus voisine des planètes supérieures qui ne passent jamais entre le Soleil et la Terre. Elle apparaît sous la forme d'une petite étoile de couleur rougeâtre, couleur que les uns attribuent à une atmosphère très-étendue, d'autres à la teinte ochreuse du sol analogue à nos terrains de grès rouge. L'observation de plusieurs taches constantes montre que cette planète tourne sur elle-même, en 24 heures environ. Outre ces taches qui sont dans le voisinage de l'Equateur, Mars offre à chaque pôle une grande

Quelle est la position, l'apparence, la rotation et la forme de cette planète?

tache blanche qui disparaît à certaines époques et se reforme ensuite, ce qu'on attribue à la fonte des glaces du pôle pendant l'été. La forme de cet astre est sphérique, son atmosphère est nébuleuse; la chaleur et la lumière sont une fois plus faibles que sur notre Globe.

JUNON, CÉRÈS, PALLAS, VESTA,

ET AUTRES PLANÈTES TÉLESCOPIQUES.

A quelle découverte conduisit la remarque du grand intervalle qui sépare Mars de Jupiter?

En comparant les distances des planètes au Soleil, Képler remarqua le grand intervalle qui sépare Mars de Jupiter, et soupçonna l'existence d'une planète intermédiaire: cette conjecture devint une réalité par la découverte, au commencement de ce siècle, des quatre planètes Cérès, Pallas, Junon et Vesta. Ces astres sont très-petits; Herschell ne les jugeait pas dignes du nom de planètes et les nommait *Astéroïdes*. Près de 40 ans s'étaient écoulés, lorsqu'en 1845, Encke trouva une nouvelle planète à laquelle il donna le nom d'*Astrée*. De 1845 à 1859, on en a découvert 47 autres. On avait émis l'opinion que les 4 planètes télescopiques n'étaient que les fragments d'une grande planète intermédiaire entre Mars et Jupiter, qui aurait été brisée par quelque explosion intérieure; mais ce n'est ici qu'une simple hypothèse.

Voici les noms et les dates des découvertes de ces corps célestes dont la distance au Soleil a pu être calculée.

Quelles sont les principales planètes télescopiques ?

Noms des Planètes.	Noms des Astronomes.	DATES des découvertes.	Distance au Soleil en millions de lieues.
Flore	Encke.	1847	84
Vesta	Olbers.	1807	91
Iris	Hind.	1847	91
Métis	Graham.	1848	90
Hébé	Hind.	1847	91
Astrée	Encke.	1845	99
Junon	Harding.	1804	103
Cérès	Piazzi.	1800	108
Pallas	Olbers.	1802	108
Hygie	Gasparis.	1849	108

Les autres planètes sont : *Parthénope*, *Victoria*, *Egérie*, *Irène*, *Eunomia*, *Psyché*, *Thétis*, *Melpomène*, *Fortuna*, *Massilia*, *Lutétia*, *Calliope*, *Thalie*, etc. Elles ont été découvertes depuis 1845, par les astronomes Encke, Hind, Graham, Luther, Chacornac, Goldschmith. On ne connaît pas encore bien la grosseur, la distance, ni les mouvements de ces petites planètes. Depuis 1853, les mêmes astronomes ont encore découvert 29 autres petites planètes, qui sont : *Phocea*, *Thémis*, *Proserpine*, *Euterpe*, *Bellone*, *Amphitrite*, *Uranie*, *Euphrosine*, *Pomone*, *Polymnie*, *Circé*, *Leucothée*, *Atalante*, *Fidès*, *Léda*, *Lætitia*,

Harmonia, Daphné, Isis, Ariane, Nysa, Eugénia, Hestia, Aglaia, Doris, Palès, Virginia, Nemausa, Europe.

JUPITER.

Quel est l'aspect de Jupiter?

Cette planète a un éclat très-vif qui égale quelquefois celui de Vénus. L'observation de certaines taches a permis de juger de son mouvement de rotation, ce mouvement s'accomplit en près de dix heures.

Jupiter est entouré d'une atmosphère qui nous réfléchit les rayons solaires, d'où lui provient son grand éclat. Il accomplit son mouvement de translation en près de douze ans; la lumière et la chaleur y sont 27 fois moins grandes que sur notre Globe. Son volume est environ 1300 fois celui de la Terre.

Combien Jupiter a-t-il de satellites?

Quatre satellites gravitent autour de cette planète. Galilée, qui les découvrit en 1610, les nomma Astres de Médicis. Le troisième et le quatrième paraissent grands comme Mercure, les deux autres grands comme la Lune. Tous ces satellites ont un mouvement de rotation sur leur axe, et ce mouvement se fait dans le même temps que leur translation autour de la planète, de sorte qu'ils lui présentent toujours une même face.

SATURNE.

Saturne est environ mille fois plus gros que la Terre; cependant, à cause de son grand éloignement du Soleil, il paraît comme une faible étoile, dont la lumière est pâle et plombée. Cette planète exécute son mouvement de rotation en 10 heures 1/2.

Quel est l'aspect de Saturne?

Vu au télescope, Saturne présente un spectacle unique dans le système planétaire, on le voit accompagné de sept satellites, et entouré d'un double anneau large, plat et mince, qui semble lui servir de ceinture. Cet anneau, incliné de 28° 40' sur le plan de l'Ecliptique, se présente à nous sous diverses formes, quelquefois même il disparaît entièrement. Cette disparition de l'anneau a lieu tous les 15 ans; elle a recommencé en 1848. Herschell a trouvé que l'anneau est composé de deux anneaux concentriques, et il a pu calculer les dimensions de l'anneau intérieur et de l'anneau extérieur.

Quelle particularité présente cette planète?

Les satellites de Saturne sont assez difficiles à observer en raison de leur petitesse. Ils décrivent d'Occident en Orient des orbites à peu près circulaires et presque situés dans le plan de l'Equateur de la planète, excepté le 7°, lequel s'en écarte d'environ 30 degrés.

Comment observe-t-on les satellites de Saturne?

URANUS.

Quand cette planète fut-elle découverte ?

Combien Herschell lui a-t-il découvert de satellites ?

Uranus, découvert par Herschell en 1781, est 80 fois plus gros que la Terre, mais, à cause de sa grande distance, cette planète n'est guère visible qu'au télescope. Herschell, à l'aide de son puissant télescope, découvrit les satellites d'Uranus qui paraissent au nombre de six; mais il n'y en a que deux dont l'existence soit bien constatée. Ils se meuvent dans des orbites presque circulaires, inclinées de 79° sur l'Ecliptique, et presque perpendiculaires à son plan. En outre, le mouvement des satellites est rétrograde, c'est-à-dire dirigé de l'Est à l'Ouest, contrairement aux lois de toutes les planètes et des satellites de notre système, qui se meuvent d'Occident en Orient et dans des orbites bien moins inclinées sur l'Ecliptique. Ces deux exceptions remarquables ont fait supposer que Uranus est à la limite de notre système planétaire, et indiquent le passage à d'autres systèmes soumis à des lois différentes.

NEPTUNE OU LEVERRIER.

Qu'est-ce qui conduisit à découvrir Neptune ?

Depuis longtemps les astronomes avaient remarqué les déviations que les influences de Jupiter et de Saturne faisaient éprouver à la régularité d'Uranus, et l'on avait vu que les influences de ces deux astres ne suffisaient pas pour produire toutes les irrégularités de ce mouvement, telles qu'on les reconnaît par l'observation.

En 1848, Leverrier, géomètre français, démontra dans un travail qui restera un monument pour la science, que cette discordance provenait de l'action, sur Uranus, d'une autre planète encore inconnue; il indiqua la région du Ciel où l'on devait la trouver. Son calcul ne l'avait pas trompé. M. Galle, astronome de Berlin, trouva cette planète le lendemain du jour où sa position lui fut envoyée. On a donné à cet astre le nom du savant qui l'a découvert; d'autres l'appellent Neptune. On croit lui avoir reconnu deux satellites.

DES COMÈTES.

Les Comètes, que l'ignorance a fait regarder comme des présages sinistres, sont aujourd'hui reconnues pour des astres de même nature que les planètes et assujettis aux mêmes lois. Elles décrivent autour du Soleil des ellipses extrêmement allongées (fig. XIII), et se meuvent dans toutes les directions, à l'Est, à l'Ouest, au Nord, au Midi. Dans leur périhélie, elles passent si près du Soleil, qu'elles doivent éprouver une chaleur mille fois plus vive que celle d'un fer rouge; mais dans leur aphélie, elles en sont si éloignés, qu'elles doivent être gelées jusqu'au centre.

Qu'est ce que les Comètes?

De quoi se composent les Comètes ?

Les Comètes, dont le nom signifie astre chevelu, se composent d'une masse lumineuse assez large et mal terminée qu'on nomme la *Tête*, et d'une longue traînée de lumière diffuse qui est la *Queue*. La tête offre quelquefois vers le centre un noyau brillant, semblable à une étoile ou à une planète; la nébulosité qui l'entoure forme la chevelure. Ces trois parties ne se rencontrent pas dans toutes les comètes ; quelques-unes n'ont pas de tête ni de queue; d'autres manquent de noyau et sont tellement diaphanes que les étoiles s'aperçoivent à travers leur disque.

Quelle est la nature des Comètes ?

Les astronomes ne sont pas d'accord sur la nature des Comètes. L'opinion la plus probable est que ce sont des corps opaques comme les planètes, dont les matières sont vaporisées par la chaleur excessive qu'elles reçoivent en passant près du Soleil. Cette vapeur fortement raréfiée, s'étend à une distance d'autant plus grande que l'astre est plus rapproché du Soleil ; c'est une atmosphère lumineuse qui forme autour de la planète ce qu'on appelle *Queue*, *Barbe* ou *Chevelure*.

Qu'appelle-t-on Comète à queue ?

La *Comète à queue* est celle que cette vapeur lumineuse suit par derrière ; cette queue est ordinairement tournée du côté opposé à celui du Soleil, c'est-à-dire que lorsque le Soleil est à l'Orient de la tête de la Comète, la queue de cet astre se dirige vers l'Occident.

Celle de la Comète de 1682 avait 41,000,000 de lieues. La Comète de 1744 avait sept queues parfaitement distinctes dans des directions très-diverses. On ne la vit que trois mois.

On appelle Comète à *barbe* celle que cette même vapeur précède, et Comète à *perruque* ou à *chevelure* celle qui en est environnée comme d'une auréole.

Qu'appelle-t-on Comète à barbe ?

Les Comètes ne sont visibles que dans une partie de leur orbite, lorsqu'elles approchent du Soleil. Elles sont très-différentes de grandeur et d'éclat ; quelques-unes sont à peine visibles, même au télescope, tandis que d'autres occupent le tiers et même la moitié du Ciel par la longueur de leur queue. Chaque Comète varie rapidement ; celle de 1811, d'abord à peine visible, parut à son périhélie avec une queue immense et très-brillante ; la proximité du Soleil en avait vaporisé le noyau, de sorte que les astronomes ont prétendu avoir aperçu des étoiles au travers.

Comment nous apparaissent les Comètes ?

On a observé jusqu'à ce jour 700 Comètes, mais il y en a bien peu dont on puisse constater le retour périodique.

Quelles sont les principales Comètes observées jusqu'à ce jour ?

La plus célèbre est celle de *Halley*, découverte par l'astronome de ce nom en 1682. Elle fait sa révolution en 75 ans environ, elle a reparu en 1835 ; on la reverra en 1911.

La seconde est celle de *Messier*, observée par cet astronome en 1770 ; elle se meut en 5 ans 1/2.

N'y a-t-il pas d'autres Comètes ?

On peut encore citer cinq Comètes à courte période, observées dans notre siècle. On leur a donné le nom des astronomes qui les ont découvertes, et on les nomme à *courte période* à cause de la rapidité de leur révolution.

La Comète d'*Encke*, découverte en **1818**, dont la révolution est de 3 ans 1/3 ; celle de ***Biéla***, en **1826**, dont la période est de 6 ans 9 mois ; celle de ***Faye***, en **1843**, dont la période est de **7** ans ; celle de ***Brorsen***, dont la période est de 5 ans 5 mois ; enfin celle de *Vico*, dont la période est de 5 ans 5 mois 1/2. Ces Comètes ont leurs orbites renfermées dans la région des planètes ; leur aphélie est au-delà de l'orbite de Jupiter.

Enfin, il est des Comètes dont la période embrasse plusieurs milliers d'années. D'après les calculs d'Argélander, la Comète de **1811** mettrait **33,000** ans à faire sa révolution, et d'après Encke, celle de **1680** mettrait plus de **8,000** ans. On croit qu'il en est d'autres qui vont se perdre auprès des étoiles fixes et ne reparaissent jamais dans le système solaire.

ÉTOILES FILANTES.

A quel phénomène donne-t-on le nom d'étoile filante ?

Pendant la nuit, quand l'atmosphère est pure, on observe fréquemment le curieux *Météore* auquel on a donné le nom *d'Etoile filante*. Dans une partie du Ciel, un point lumineux se montre tout-à-coup, se meut avec une grande rapidité ; puis son éclat diminue et disparaît. Quelquefois l'étoile filante laisse après elle une traînée lumineuse comme une fusée : d'autres fois elle lance des étincelles. Les anciens regardaient ces météores comme de véritables étoiles qui, se détachant de la voûte céleste, tombaient du Ciel, d'où leur vient le nom d'*Étoiles filantes*. Mais une observation plus attentive montre que cette opinion est erronée : on reconnaît, en effet, qu'aucune étoile ne manque dans la constellation d'où a semblé partir le point lumineux.

Quelle est l'opinion la plus probable sur les étoiles filantes ?

Parmi les diverses opinions émises sur la nature des étoiles filantes, la plus probable est celle qui les rapporte à des multitudes d'*Astéroïdes*, ou petits astres circulant comme les planètes autour du Soleil, obscurs comme elles, mais trop petits pour être aperçus avec les meilleures lunettes. Un de ces Astéroïdes pénètre dans l'atmosphère terrestre ; à cause de la grande vitesse, il en résulte un frottement considérable et par suite un grand échauffement ; l'Astéroïde, composé de matières inflammables, brûle au contact de l'oxygène de l'air ; quand il est sorti de l'atmosphère, il cesse de brûler et se refroidit. Ainsi, nous ne l'apercevons que pendant qu'il traverse notre atmosphère.

Quelles sont les directions des étoiles filantes ?

Les étoiles filantes paraissent se mouvoir dans toutes les directions ; cependant, en comparant un grand nombre d'observations, on reconnaît la prédominance d'une direction moyenne opposée à la vitesse de la Terre dans son mouvement de translation autour du Soleil. On conçoit en effet que le mouvement de la Terre produit un mouvement apparent des Astéroïdes égal et contraire à celui de la Terre ; cette vitesse se combine avec la vitesse propre des Astéroïdes.

Y a-t-il des apparitions périodiques d'étoiles filantes?

Certaines nuits sont particulièrement riches en étoiles filantes. L'époque la plus remarquable est celle du 12 novembre. Dans la nuit du 12 au 13 novembre 1833, on observa en Amérique une vraie pluie d'étoiles filantes ; elles semblaient toutes partir d'un même point du Ciel. Dans la nuit du 11 au 12 novembre, en 1799, M. de Humboldt observa une pluie semblable à Cumana, dans l'Amérique du Sud. Dans la nuit du 12 au 13 novembre 1832, on observa le même phénomène en Europe.

Une autre époque remarquable est celle du 10 août, jour de la Saint-Laurent ; les paysans appellent les étoiles filantes de cette nuit les *larmes brûlantes de saint Laurent*. Il est encore quelques époques probables :

Du 22 au 25 avril.
Du 6 au 12 décembre.
Du 27 au 29 novembre.
27 juillet.

Les Astéroïdes sont-ils distribués au hasard ?

Ces apparitions périodiques ont fait penser que les Astéroïdes ne sont pas distribués au hasard dans notre système, mais qu'ils sont réunis en amas comme des bancs de sable, amas qui, semblables à des planètes, se meuvent autour du Soleil suivant les lois ordinaires. Quand la Terre traverse une de ces nuées d'Astéroïdes, on voit une pluie d'étoiles filantes, mais le phénomène ne se reproduit pas chaque année. Une nouvelle rencontre n'arrivera qu'après un certain temps dépendant de la durée de révolution de l'amas et de celle de la Terre.

Quand ces nuées d'Astéroïdes se placent entre le Soleil et la Terre, elles peuvent obscurcir le Soleil. On a remarqué que ce phénomène a lieu surtout le 7 février et le 12 mai, dates qui répondent à la conjonction des nuées d'août et de novembre.

AÉROLITHES.

Quelle es l'origine des Aérolithes?

Quand un Astéroïde traverse simplement l'atmosphère, il produit une étoile filante, mais il arrive souvent que l'Astéroïde rencontre la Terre, ou que, passant trop près, il tombe sur elle par l'action de la pesanteur et de la résistance de l'air, qui diminue sa vitesse. Telle est l'origine des Aérolithes, pierres tombées du Ciel.

Le 15 février 1818, une grande pierre tomba à Limoges. Le 14 octobre 1824, une pierre tomba à Zebrak en Bohême; elle est conservée au musée de Prague. Le 26 mai 1751, deux masses tombèrent en Hongrie, pesant l'une 75 kilogrammes, l'autre 8 kilogrammes. Toutes ces pierres ont une composition chimique analogue: elles renferment du fer métallique en grande quantité avec un peu de nickel, de cobalt, du sulfure de fer et des silicates. C'est probablement le fer qui brûle quand le corps passe à travers l'atmosphère. On a trouvé à la surface de la Terre de grandes masses que la tradition rapporte comme étant tombées du Ciel et qui ressemblent, en effet, à des Aérolithes par leur forme et leur composition. Nous citerons, parmi les plus remarquables, une masse de fer de **700** kilogrammes trouvée en Sibérie et que les Tartares considèrent comme sacrée et tombée du Ciel ; une masse de **1,500** kilogrammes à Bithourg près de Trèves ; une masse énorme de **13** mètres de hauteur en Asie, près des sources de la Rivière-Jaune.

A quoi donne-t-on le nom de Globes enflammés?

Les plus gros des Astéroïdes, ceux qui rapprochent le plus de la Terre, nous apparaissent sous la forme de globes enflammés ; ces globes lancent de tous côtés des étincelles et de la fumée, et finissent par éclater comme des bombes. Il est probable que les Astéroïdes renferment dans leur intérieur des substances qui se transforment en gaz, comme la poudre en brûlant, ce qui détermine l'explosion.

Le **26** avril **1803**, un globe pareil éclata à l'Aigle, dans le département de l'Orne ; on ramassa plusieurs centaines de fragments.

DES ÉCLIPSES.

Qu'entend-on par Eclipse?

Une *Eclipse* est la privation momentanée de la lumière d'un astre. Par conséquent, on dit qu'un astre est éclipsé quand son disque, élevé sur l'horizon, se dérobe en totalité ou en partie à nos regards, sans être caché par les nuages; et l'ensemble du phénomène se nomme *Eclipse*.

Quelle est la cause des Eclipses ?

Une éclipse de Soleil est causée par l'interposition de la Lune entre le Soleil et la Terre, ce qui ne peut avoir lieu que dans les conjonctions. Une éclipse de Lune est causée par l'interposition de la Terre entre le Soleil et la Lune, ce qui n'arrive que lorsque la Lune est en opposition.

Quelles sont les conditions nécessaires pour qu'il y ait Eclipse ?

Puisque tous les 15 jours, la Lune est en opposition ou en conjonction, il semble qu'il devrait y avoir des éclipses tous les 15 jours, et en effet, cela aurait lieu si l'orbite de la Lune était dans le même plan que celui de la Terre, mais le plan de l'orbite lunaire est incliné de plus de 5 degrés 1/2 sur celui de l'orbite terrestre. Il faut, pour qu'il y ait éclipse, que la Lune se trouve dans l'un des points appelés *Nœuds* où son orbite coupe l'Ecliptique, ou du moins assez près de l'un de ces points pour que le disque de l'astre interposé cache au moins une partie de l'astre éclipsé.

Qu'entend-on par Eclipses centrales, totales, partielles et annulaires?

Les éclipses sont totales ou partielles; *totales*, quand l'astre est éclipsé tout entier; *partielles*, quand il ne l'est qu'en partie. Les éclipses totales prennent le nom de *centrales* quand la Lune étant dans un nœud, et le Soleil ou la Terre dans un autre, le centre des trois astres est sur la même ligne. Si dans une éclipse centrale de Soleil, le diamètre apparent de la Lune [illegible] plus petit que celui du Soleil, le milieu du So[illegible] est seul caché, et cet astre paraît sous la form[illegible]'un anneau lumineux : cette éclipse est app[illegible] *annulaire*.

Ce cas, assez rare, n'arrive que lorsque la Lune est à son apogée et le Soleil à son périgée. Lorsqu'au moment d'une éclipse centrale de Soleil, cet astre est apogée et la Lune périgée, il est totalement éclipsé pendant deux minutes, les ténèbres prennent la place du jour, et l'on voit les étoiles en plein midi. Ce phénomène est l'un des spectacles les plus curieux et les plus singuliers que présente la nature, mais il n'aura pas lieu en France dans le cours du 19e siècle.

Les Eclipses ont-elles la même apparence pour tous les lieux ?

Les éclipses solaires ne sont pas visibles sur tous les points de la Terre où l'on peut voir le Soleil ; elles diffèrent encore dans les lieux où on les aperçoit. Il n'en est pas ainsi pour les éclipses de Lune, qui sont les mêmes pour tous les endroits de la Terre dans lesquels cet astre peut être vu au moment où elles arrivent.

De quoi dépend cette différence ?

Cette différence entre les éclipses solaires et les éclipses lunaires dépend de ce que dans celles-ci, la Lune souffre une privation de lumière qui doit être partout sensible et semblable sur la surface terrestre, tandis que dans les éclipses de Soleil, la lumière dont brille cet astre n'éprouve aucune altération, elle est seulement interceptée par la Lune ; et comme ce satellite ne peut, par sa petitesse, intercepter la lumière solaire à tous les habitants de la Terre, il s'en suit que les éclipses de Soleil ne doivent pas être visibles dans tous les points de la surface du Globe Terrestre. Dans la figure xx l'éclipse est totale au point A, partielle au point C B, on ne la voit point du tout aux points O, O'.

La Terre et la Lune étant beaucoup plus petites que le Soleil, leurs ombres ont la forme d'un cône et se terminent en pointe. L'ombre de la Terre arrivée à la Lune a encore près de 5,000 kilomètres, c'est pourquoi la Lune, dont le diamètre n'est environ que de 400 kilomètres, peut être entièrement obscurcie. L'ombre de la Lune quand elle arrive à la Terre n'a que 260 kilomètres de diamètre au plus dans les éclipses totales de Soleil, ainsi il n'y a qu'une partie de la Terre qui puisse être obscurcie, et les habitants de la Lune, s'il y en a, voient l'ombre de leur planète se promener sur notre Globe sous la figure d'un petit point noir de 350 kilomètres environ de circonférence.

Quelle est la forme de l'ombre de la Terre et de la Lune?

La Lune ne s'éclipsant pas tout d'un coup en passant dans le cône d'ombre de la Terre, prend d'abord une teinte légèrement sombre; cela tient à ce que la Lune entre d'abord dans la pénombre que projette la Terre.

Comment la Lune s'éclipse-t-elle progressivement?

On nomme pénombre cette demi-teinte qui existe entre l'ombre et la lumière sur une surface éclairée.

Que nomme-t-on pénombre?

Les éclipses de Soleil commencent toujours par l'Occident, car la Lune qui cause l'éclipse se meut d'Occident en Orient, et c'est par l'Occident que com-

De quel côté commencent les Eclipses de Soleil et celles de Lune?

mence son interposition entre le Soleil et notre Globe. Au contraire, les éclipses de Lune commencent toujours par l'Orient, car c'est par l'Orient que la Lune doit entrer dans le cône d'ombre de la Terre.

Quelle est la durée des Eclipses de Soleil et des Eclipses de Lune?

Dans les éclipses de Soleil, l'obscurité complète ne peut durer plus de 5 minutes; une éclipse de Lune peut avoir une durée de plus de trois heures.

Peut-on calculer le retour des Eclipses?

La grande exactitude des tables astronomiques, qui comprennent toutes les circonstances des mouvements des astres, permet de prédire, avec une grande précision, l'instant, la durée et l'étendue des éclipses. Comme le nœud lunaire met **18** ans et **10** jours pour revenir à la même position par rapport au Soleil, cette période de temps sert à prédire les éclipses; elle était déjà fort en usage du temps des Chaldéens; elle contient **70** éclipses, dont **41** de Soleil et **29** de Lune.

Que devons-nous penser de l'Eclipse qui eut lieu à la mort de N.-S. J.-C.!

Ces principes nous apprennent ce que nous devons penser de l'éclipse qui eut lieu à la mort de N.-S.J.-C.

Quand même cette éclipse aurait été causée par la Lune, elle serait miraculeuse puisqu'elle s'étendit sur toute la Terre, quoique l'ombre de la Lune sur la Terre n'ait que **260** kilomètres environ. Mais elle n'a pu être causée par la Lune, car Notre-Seigneur mourut pendant les fêtes de la Pâque des Juifs qui arrivait le jour de la pleine Lune. Or, dans le temps de la pleine Lune, il est impossible que le Soleil soit éclipsé par cet astre, puisqu'alors c'est la Terre qui est entre le Soleil et la Lune; aussi les auteurs, même païens, de ce temps-là parlent-ils de cette éclipse comme d'un événement extraordinaire et merveilleux qui fut consigné, comme tel, dans les archives de l'empire romain.

Le Soleil et la Lune ne sont pas les seuls astres sujets aux éclipses; on en remarque souvent dans les satellites de Jupiter et dans tous les astres qui peuvent être momentanément cachés au Soleil ou à la Terre par un autre corps.

N'y a-t-il des Éclipses que pour le Soleil et pour la Lune?

DES MARÉES

OU

DU FLUX & DU REFLUX DE LA MER.

On nomme *Marées* les oscillations périodiques et régulières des eaux de la mer qui deux fois par jour s'élèvent et deux fois s'abaissent. Lorsque les eaux de la mer s'élèvent, elles s'étendent sur le rivage pendant environ six heures, c'est le moment du *flux*. Parvenues à leur plus haute élévation, qui se nomme la *haute mer* ou la *marée*, elles restent stationnaires pendant près d'un quart d'heure, elles s'abaissent et se retirent ensuite, par un mouvement inverse au premier, pendant le même temps qu'elles ont mis à s'élever; c'est le moment du *reflux*. Dès que les eaux ont atteint leur plus grand abaissement, qu'on nomme la *basse mer*, elles commencent à s'élever de nouveau, et la même série de phénomènes recommence sans interruption. Ce phénomène du mouve-

Qu'appelle-t-on Marées?

ment périodique des eaux de la mer n'a jamais pu être expliqué avant la découverte de la loi d'attraction.

Donnez l'explication des Marées?

Les eaux s'élèvent lorsque la Lune passe au méridien supérieur et au méridien inférieur. Elles s'abaissent lorsque la Lune passe dans la position intermédiaire. Les eaux s'élèvent davantage dans les syzygies et elles s'élèvent moins dans les quadratures.

Tels sont les faits que présentent les observations ; le raisonnement conduit à en donner une explication plus complète.

Nous savons que tous les corps de la nature s'attirent réciproquement ; l'eau, comme les autres corps, est assujettie à ces lois d'attraction.

Si l'eau n'avait à obéir qu'à la pesanteur, elle s'arrangerait autour du centre d'attraction, et la mer aurait une forme entièrement sphérique ; mais la force centrifuge, faisant un effort sur l'eau, la mer se renfle à l'Equateur et s'aplatit aux Pôles, c'est là sa forme naturelle, et, s'il n'existait aucun astre dont l'attraction eût influence sur notre globe, la mer garderait éternellement cette forme.

Comment la Lune agit-elle sur la mer?

Lorsque la Lune passe au méridien d'un lieu, elle attire fortement vers elle les molécules de l'eau, et la surface de la mer s'élève. Au contraire, les eaux de la mer, sur le demi-méridien diamétralement opposé, étant moins attirées que le centre de la Terre, restent plus éloignées de ce centre et paraissent s'élever aussi.

Il suit de là que la même cause produit le même effet, quoique par des raisons contraires. Quand la Lune quitte le méridien, son attraction cessant d'avoir lieu, les eaux s'abaissent, et elles se soulèvent de nouveau quand l'astre passe au méridien inférieur. Ainsi, comme la Lune passe au méridien deux fois par jour, il y a par jour deux soulèvements et deux abaissements des eaux de la mer.

Comment le Soleil et la Lune agissent-ils simultanément sur les marées?

Le Soleil agit comme la Lune sur les eaux de la mer; mais son action est moins grande à cause de son plus grand éloignement.

Or, dans les conjonctions, le Soleil et la Lune passant en même temps au méridien, ces astres agissent simultanément pour soulever les eaux de la mer; elles doivent donc s'élever plus que quand la Lune agit seule. Dans les oppositions, lorsque la Lune passe au méridien d'un lieu, le Soleil passe au demi-méridien opposé, et les eaux de la mer sont soulevées aussi par ces deux causes. Elles ont donc encore un soulèvement plus grand que lorsque la Lune agit seule.

Quel est le temps des plus hautes marées?

On observe, en général, en Europe, que les marées sont plus grandes vers l'époque des équinoxes.

Le flux et le reflux ne s'opèrent pas précisément dans nos mers au passage de la Lune au méridien et à la quadrature, mais quelques heures après; cela tient à ce qu'il faut d'abord quelque temps pour que la force d'attraction exerce son influence sur la surface des eaux; mais, lorsque cette influence a eu lieu, la vitesse acquise par les eaux les fait monter encore lorsque la cause a cessé, de sorte que la haute mer a lieu quelques heures après le passage de l'astre au méridien.

Les Marées dépendent-elles de la position des lieux?

Les marées sont d'autant plus fortes que les eaux recouvrent un plus grand espace et qu'elles sont à une plus grande profondeur, parce qu'elles donnent alors plus de prise à l'action de la Lune et du Soleil. Ainsi, les marées ont lieu dans tous les ports de l'Océan, sont très-peu sensibles dans la Méditerranée, nulles ou insensibles dans la mer Noire et dans la mer Caspienne. Granville, Saint-Malo et Brest sont les ports de France où les marées sont les plus fortes.

Qu'appelle-t-on établissement du port?

On nomme *établissement du port*, l'heure où la haute mer arrive dans le port, le jour de la nouvelle Lune. C'est de cette époque qu'il faut partir pour calculer l'heure à laquelle arrive la haute mer dans le port, un jour quelconque. L'heure de la haute mer n'est pas la même pour deux lieux différents, mais elle est constante pour un même lieu.

PRINCIPES ÉLÉMENTAIRES

DES

CADRANS SOLAIRES.

A quoi servent les cadrans solaires?

Pour déterminer chaque jour le temps moyen, à l'aide de l'équation du temps, il faut connaître le temps vrai. C'est ce que l'on détermine au moyen des cadrans solaires ; connaissant le temps vrai, il suffira de retrancher l'équation du temps avec le signe dont elle est affectée, et l'on aura le temps moyen.

Voici sur quels principes élémentaires repose la construction des cadrans solaires : un cadran solaire se compose essentiellement d'un style destiné à projeter une ombre sur une surface fixe d'une direction quelconque, mais telle que le Soleil vienne l'éclairer. Ce style doit être dirigé parallèlement à l'axe terrestre ou à l'axe du monde, qui n'en est que le prolongement. La distance, qui sépare de l'axe réel ce style placé à la surface de la Terre, est sensiblement nulle par rapport à la distance où se trouve le Soleil. Quand le Soleil est au méridien, le plan que déterminent le style et l'ombre qu'il projette sur la surface coïncide donc sensiblement avec le méridien ; en marquant à ce moment la trace de cette ombre sur le cadran solaire, on pourra chaque jour connaître le midi vrai par le retour de l'ombre sur cette trace. Pour les autres heures, on marquera de même la trace des onze autres plans correspondant aux heures de la journée, c'est-à-dire les ombres du style, quand le Soleil sera dans les plans horaires équidistants marqués sur la sphère céleste à partir du méridien. Ces plans sont mutuellement inclinés de 15° à partir du méridien. Une remarque importante, enfin, bien qu'elle paraisse un peu simple, c'est qu'il faut exposer un tel cadran au Soleil.

Sur quels principes repose la construction des cadrans solaires?

Quelquefois on remplace le style par une rondelle

Par quoi le style peut-il être remplacé ?

métallique percée d'un trou par lequel se projette un point brillant dont la position sur le cadran indique l'heure. Alors la droite menée par le centre de ce trou, et le point de confluence des lignes du cadran, représente le style, et est dans la direction de l'axe terrestre.

DU CALENDRIER.

Qu'est-ce que le Calendrier ?

Le calendrier est une méthode de distribution de temps ; c'est un tableau qui contient l'ordre et la suite des jours solaires avec l'indication des saisons, des fêtes religieuses, etc. Le temps se divise en *années*, *mois*, *semaines*, *jours*.

A quelle époque remonte le calendrier ?

L'usage du calendrier remonte à la plus haute antiquité. Celui qu'on attribue à Romulus, fondateur de Rome, faisait commencer au mois de mars une année de **304** jours distribués en dix mois. Septembre était le **7**e mois, et décembre le **10**e et le dernier. Numa fit la réforme de ce calendrier, et y ajouta les deux mois de janvier et de février, l'un au commencement et l'autre à la fin de l'année. L'année moyenne comptait **366** jours **1/4**, ou un jour de plus environ que l'année solaire.

Qu'appelle-t-on Calendrier Julien ?

Jules César, 45 ans avant J.-C., commença la réforme qui a donné son nom au *calendrier Julien*. D'après ce calendrier, les mois romains eurent la même durée que les nôtres ; le premier jour du mois se nommait *Calendes*, c'est-à-dire *convocation*, parce que ce jour était destiné aux assemblées du peuple et aux sacrifices. De là les Romains ont appelé *calendrier* la distribution des jours de leurs mois.

Le *calendrier Julien* suppose l'année de 365 jours, 6 heures, durée trop longue de 11 minutes et 10 secondes environ.

A quelle époque le Calendrier Julien fut-il adopté ?

Au premier concile de Nicée, tenu en 325, les chrétiens adoptèrent définitivement le calendrier Julien pour ce qui concerne l'année civile. A cette époque, l'équinoxe du printemps tombait le 21 mars, jour auquel les Pères du concile le fixèrent.

Il fut décidé aussi que le jour de Pâques serait le premier dimanche après la pleine Lune, qui arrive soit le 21 mars, soit après, en considérant la Lune dans son plein 14 jours après son renouvellement. Les autres fêtes mobiles sont réglées sur la fête de Pâques.

Quelle erreur le Calendrier Julien présente-t-il ?

Le calendrier Julien suppose l'année solaire de 365 jours 1/4 ou de 365 jours 25, mais, comme elle est réellement de 365 jours 5 heures 49 minutes environ, ou 2,422 dix millièmes et quelque chose, l'erreur en plus est de 11 minutes environ, ou 0 jour 007 millièmes et quelque chose par jour, ce qui donne un jour de retard sur le Soleil au bout de 134 ans. En 1582, c'est-à-dire 1257 ans après le concile de Nicée, l'équinoxe du printemps arrivait 10 jours plus tôt. Le pape Grégoire XIII fit faire une nouvelle réforme du calendrier et ordonna que le lendemain du 4 octobre s'appellerait le 15 octobre, afin que l'équinoxe du printemps revînt l'année suivante au

21 mars. On continua à employer l'intercallation d'un jour tous les quatre ans, comme dans le calendrier Julien ; mais pour empêcher l'erreur à l'avenir, on retrancha 3 années bissextiles dans chaque période de 400 ans. Ce changement a été opéré dans la dernière année de chaque siècle, laquelle n'est bissextile que quand le nombre du siècle est un multiple de 4. Ainsi les années 2,000, 2,400 et 2,800 seront bissextiles, tandis que les années 1,900, 2,100 ne le seront pas.

Comment s'appelle le Calendrier Julien modifié?

Le calendrier ainsi modifié a pris le nom de calendrier *Grégorien* ou *nouveau-style*, et a été adopté dans presque toute l'Europe, à l'exception de la Russie et de la Grèce qui suivent encore le calendrier *Julien* ou *vieux style*. La différence de temps entre ces deux calendriers est aujourd'hui de 12 jours ; ainsi le 17 janvier, selon le vieux style, répond au 29 selon le nouveau style : c'est pourquoi on est dans l'usage, pour la correspondance avec les peuples qui suivent encore le vieux style, de marquer une double date de cette manière : $\frac{17}{29}$ janvier. Le nombre supérieur indique la date de l'ancien style, et le nombre inférieur celle du nouveau.

L'année a-t-elle toujours commencé à la même époque?

Tant que la longueur de l'année n'a pas été déterminée par la connaissance exacte du mouvement de la Terre autour du Soleil, le commencement en a été variable et a parcouru successivement toutes les saisons. Quelques nations ont fixé le premier jour de leur année aux Solstices, d'autres aux Equinoxes plusieurs ont préféré à une époque de saison, une époque historique.

La France, jusqu'en 1564, a commencé l'année à Pâques; mais Charles IX, qui régnait alors, en fixa le commencement au 1er janvier, époque que nous avons conservée 227 ans, quittée pendant le règne de la Terreur et reprise en 1805.

L'année civile est divisée en 12 mois qui n'ont pas tous le même nombre de jours et auxquels les noms suivants sont donnés depuis l'empereur Auguste :

Comment l'année est-elle divisée?

Janvier	31 jours.	*Juillet*	31 jours.
Février	28 ou 29 jours.	*Août*	31 jours.
Mars	31 jours.	*Septembre*	30 jours.
Avril	30 jours.	*Octobre*	31 jours.
Mai	31 jours.	*Novembre*	30 jours.
Juin	30 jours.	*Décembre*	31 jours.

L'année se subdivise encore en 52 semaines et 1 ou 2 jours, suivant que l'année est ou non bissextile.

Quels sont les noms des jours de la semaine?

La semaine se compose de sept jours dont les noms correspondent à ceux des astres connus des anciens. Le *dimanche* était consacré au *Soleil;* le *lundi* à la *Lune;* le *mardi* à *Mars;* le *mercredi* à *Mercure;* le *jeudi* à *Jupiter;* le *vendredi* à *Vénus;* et le *samedi* à *Saturne*.

Le mot dimanche signifie *Dominicale* ou *jour du Seigneur*.

Par quel jour commence et se termine l'année?

L'année étant composée de 52 semaines, le jour qui la commence se reproduit une 53e fois pour la terminer, car 52 semaines × 7 = 364. Le nom du 1er de l'an est donc le même que celui du 31 décembre, ou du 30 si l'année est bissextile.

COMPUT ECCLÉSIASTIQUE.

Qu'appelle-t-on comput ecclésiastique?

On appelle *comput ecclésiastique* un petit tableau qu'on joint au calendrier et qui sert à déterminer les jours de certaines fêtes de l'Église. Il contient cinq parties: 1° le *Nombre d'or;* 2° l'*Epacte ;* 3° le *Cycle solaire ;* 4° la *Lettre dominicale ;* et 5° l'*Indiction romaine.*

Que signifie le mot Cycle?

Le mot *Cycle*, qui signifie *cercle*, s'emploie pour désigner une période ou révolution d'un certain nombre d'années.

Qu'est ce que le Cycle lunaire ou nombre d'or?

Nombre d'or. — Le *Cycle lunaire* ou *nombre d'or* est une période de 19 ans au bout desquels, d'après une supputation erronée, on suppose que les nouvelles et les pleines lunes se retrouvent au même jour et à la même heure. C'est Méthon, célèbre astronome athénien, qui proposa cette période aux jeux Olympiques, vers l'an 439 avant J.-C. Elle fut reçue avec un applaudissement général, et les Athéniens marquèrent l'année de ce cycle par des chiffres d'or gravés sur une table de marbre, dans un lieu public, et lui donnèrent le nom de *Cycle d'or.* C'est pour cette raison que le nombre qui désigne l'année du cycle lunaire est encore appelé aujourd'hui *Nombre d'or.*

On se servait du *Nombre d'or* pour marquer les nouvelles lunes à peu près comme on se sert encore des lettres dominicales pour indiquer les dimanches. En supposant la période de Méthon exacte, les nouvelles lunes arriveraient à la même époque que celle où elles arrivaient 19 ans auparavant. Il suffirait donc de fixer toutes les nouvelles lunes pendant un cycle lunaire pour connaître toutes les nouvelles lunes possibles. Mais les 235 lunaisons dont se compose le cycle lunaire de Méthon ne ramenaient pas les nouvelles lunes précisément aux mêmes jours de l'année Julienne ; la Lune véritable avançait à chaque période d'une heure et demie sur la période précédente, et d'un jour en 312 ans 1/2. A l'époque de la réforme du calendrier, en 1582, les nouvelles lunes du calendrier Julien arrivaient quatre jours plus tard que les véritables.

Pourquoi se servait-on du nombre d'or ?

Les réformateurs du calendrier cherchèrent à corriger aussi cette seconde source d'erreur, et Lilius proposa pour cela le système des Epactes.

Epacte. — L'*Epacte* d'une année est l'âge de la Lune au 1er janvier, c'est-à-dire le temps écoulé depuis la conjonction de cet astre avec la Terre. La différence de l'année solaire sur l'année lunaire est d'environ 11 jours. L'épacte augmente de 11 jours chaque fois que le nombre d'or augmente d'une unité. Lorsque l'excédant dépasse 29, on suppose un nouveau mois lunaire intercallé.

Qu'est-ce que l'Epacte ?

L'épacte indique la nouvelle lune ecclésiastique,

c'est-à-dire celle sur laquelle sont déterminées les fêtes mobiles de l'Église ; elle n'est pas toujours d'accord avec la nouvelle lune vraie ni avec la nouvelle lune moyenne. Il y a même quelquefois plus d'un jour de différence. Elle arrive presque toujours après la nouvelle Lune vraie et jamais avant.

Qu'est-ce que le Cycle solaire?

Cycle solaire. — Avant la nouvelle réforme du calendrier, on avait inventé un cycle solaire de **28** ans qui ramenait les jours de la semaine aux mêmes jours du mois, mais comme il se rencontre des années autrefois bissextiles, qui aujourd'hui ne le sont plus, le cycle solaire ancien n'est exact que pendant la durée d'un siècle.

Qu'entend on par Calendrier perpétuel?

Calendrier perpétuel. — On appelle calendrier perpétuel, le calendrier qui se trouve en tête de la plupart des livres d'église et où les noms des jours à partir du 1er janvier sont remplacés par ces lettres : A, B, C, D, E, F, G, reproduites successivement dans le même ordre jusqu'au 31 décembre ; de sorte que chaque lettre représente le même jour pendant toute l'année.

Quelle était la lettre dominicale en 1865?

Ainsi en 1865, la lettre dominicale était A ; tous les quantièmes à côté desquels cette lettre se trouvait placée étaient des dimanches.

Comment reconnait-on le jour de la semaine par la lettre dominicale?

L'année commune ayant un jour et l'année bissextile deux jours de plus que 52 semaines, il en résulte que la lettre dominicale rétrograde d'un rang par année commune, et de deux rangs par année bissextile. Si la lettre dominicale d'une année commune est A, c'est-à-dire si le 1er janvier a été un dimanche, comme en 1854, le 31 décembre sera aussi un dimanche; le 1er janvier de l'année suivante sera un lundi, par conséquent le 7 janvier sera un dimanche. Or, la lettre qui se trouve à côté du 7 janvier étant G, on voit que la lettre dominicale de 1855 a été G, lettre qui précède A dans le calendrier perpétuel. L'année 1860 étant bissextile, la lettre A qui désigne le dimanche pendant les deux premiers mois, désigne le lundi pendant le reste de l'année, à cause de l'intercallation du 29 février, et par conséquent le dimanche est désigné par la lettre précédente G.

Les années bissextiles ont donc deux lettres dominicales, la première sert du 1er janvier au 1er mars, la seconde sert pour le reste de l'année.

Les mêmes lettres dominicales se reproduisent au bout de 28 ans, comme les jours du cycle solaire, qui pour cette raison s'appelle encore *Cycle des lettres dominicales*.

Qu'est-ce que l'Indiction romaine?

INDICTION ROMAINE. — L'indiction romaine est une période de 15 années Juliennes, que quelques-uns supposent avoir commencée au 1er janvier, trois ans avant l'ère chrétienne, mais qui, selon d'autres, ne commença que l'an 312 de J.-C. et fut établie par Constantin-le-Grand après la victoire qu'il remporta sur Maxence. Ce cycle, d'abord uniquement en usage dans les affaires contentieuses, sous les empereurs romains, fut adopté par les papes pour servir de date aux fêtes de l'Eglise. On s'en sert à la cour de Rome pour l'expédition des bulles.

PROBLÈMES.

PROBLÈME I.

Trouver le nombre d'or d'une année.

La première année du cycle lunaire étant celle qui précède l'ère chrétienne, il faut ajouter 1 au chiffre d'une certaine année, c'est-à-dire à son millésime, et divisant la somme par 19, le reste sera le nombre d'or de l'année dont il s'agit. Si le reste est nul, le nombre d'or est 19 et l'année termine la période.

Ainsi pour 1865, en divisant 1865 + 1 par 19, on obtient 99 pour quotient et 4 pour reste, donc l'année 1865 est la 4e du 99e cycle lunaire, ce cycle s'étant déjà reproduit 98 fois.

PROBLÈME II.

Trouver l'Epacte.

Pour trouver l'épacte, pour le 19e siècle, on suit la règle suivante. On retranche 1 du nombre d'or, on multiplie la différence par 11 et l'on divise le produit par 30, le reste est l'épacte.

Or, 1865 ayant 4 pour nombre d'or, si l'on ôte 1, on aura (4 — 1 =) 3 ; 3 × 11 = 33 : 30 = 1 pour quotient et 3 pour reste. L'épacte est donc III pour 1865.

Lorsque le nombre d'or est 0, on la marque d'un astérisque. La correspondance des nombres d'or avec les épactes est constante dans le calendrier Julien, mais elle varie suivant les siècles dans le calendrier Grégorien.

PROBLÈME III.

Trouver le jour de Pâques d'une année.

Pour trouver le jour de Pâques, si l'épacte est moindre que 24, il faut la retrancher de 45 ; si elle est plus grande que 23, il faut la retrancher de 75, le reste marquera le nombre de jours que la pleine Lune pascale doit arriver après le 1er mars. Ainsi en 1864, l'épacte ayant été XXII, en la retranchant de 45 il reste 23, la pleine Lune pascale arrivera donc 23 jours après le 1er mars ou le 24 mars. Pâques arrivera donc le 24 mars si ce jour est un dimanche, sinon le dimanche suivant.

PROBLÈME IV.

Trouver la lettre dominicale d'une année.

Il faut d'abord savoir à quel jour de la semaine répond le 1er mars: pour cela on ajoute au millésime de l'année le quart de ce même nombre sans faire attention au reste, on y ajoute encore 3 et l'on divise la somme obtenue par 7, le reste de la division donnera le jour de la semaine par lequel doit commencer le mois de mars ; s'il reste 1 ce sera le lundi, 2 le mardi, 3 le mercredi, 4 le jeudi, 5 le vendredi, 6 le samedi, et 7 le dimanche.

Ainsi pour 1864 ; 1864 + 466 + 3 = 2,333 ; 2,333 : 7, cette division donne 2 pour reste ; donc le 1er mars pour 1864 sera un mardi, donc la lettre placée dans le calendrier perpétuel devant le 1er mars indique le mardi. Pour trouver la lettre dominicale, il suffit de se rappeler que le 1er mars ayant la lettre

D, lorsqu'on sait par quel jour commence ce mois, il n'y a plus qu'à suivre l'ordre des lettres et celui des jours pour trouver quelle lettre marquera le dimanche

Ainsi en 1864 le 1er mars étant un mardi, D désignera le mardi et B le dimanche, donc la lettre B indique le dimanche. La méthode est la même pour les années bissextiles et les années communes, seulement lorsque l'année est bissextile il faut prendre la lettre suivante, selon l'ordre alphabétique, pour dominicale jusqu'au 25 février.

Ainsi en 1864, le 1er mars étant un mardi, la lettre dominicale sera B jusqu'à la fin de l'année, et C, est la lettre dominicale depuis le 1er janvier jusqu'au 25 février.

PROBLÈME V.

Trouver l'âge de la Lune à une date donnée.

Pour résoudre ce problème, il suffit d'ajouter à l'épacte de l'année le quantième du mois, en mettant 1 de plus si le mois n'a pas 31 jours, car l'année solaire étant plus longue de 11 jours que l'année lunaire, le mois excède la lunaison à peu près d'un jour; compter autant d'unités qu'il y a de mois écoulés ou commencés depuis et y compris le mois de mars.

Si tous ces nombres réunis font moins que 30, le total sera le quantième de la Lune; si ce total est au-dessus de 30, le quantième sera le surplus de 30.

Exemple : On veut savoir l'âge de la Lune le 15 Juillet 1865.

Epacte	3
Quantième.	15
Mois depuis mars . .	5
	23 ce sera le dernier quartier.

PROBLÈME VI.

Trouver l'Indiction Romaine.

En suivant l'opinion de ceux qui font commencer l'indiction trois ans avant l'ère chrétienne, on en conclut la règle suivante :

Pour trouver le numéro de l'indiction qui correspond à une année quelconque, il faut ajouter 3 à son millésime et diviser la somme par 15, le reste est le numéro cherché.

Ainsi en 1864, on dit 1864 + 3 = 1867 ; en divisant 1867 par 15 on obtient 124 pour quotient et 7 pour reste.

Il y a donc 124 cycles d'indiction depuis l'ère chrétienne, et l'année 1864 est la 7e du 125e cycle.

Lorsqu'on multiplie les trois cycles, le solaire, le lunaire et l'indiction, le produit 28 × 19 × 15 =7,980 ans forme ce qu'on appelle la période Julienne.

Au bout de cette période, les nouvelles lunes, les jours de la semaine et l'indiction reviennent dans le même ordre au commencement de l'année.

L'année 1864 est la 6,577[e] de la période Julienne.

TABLE

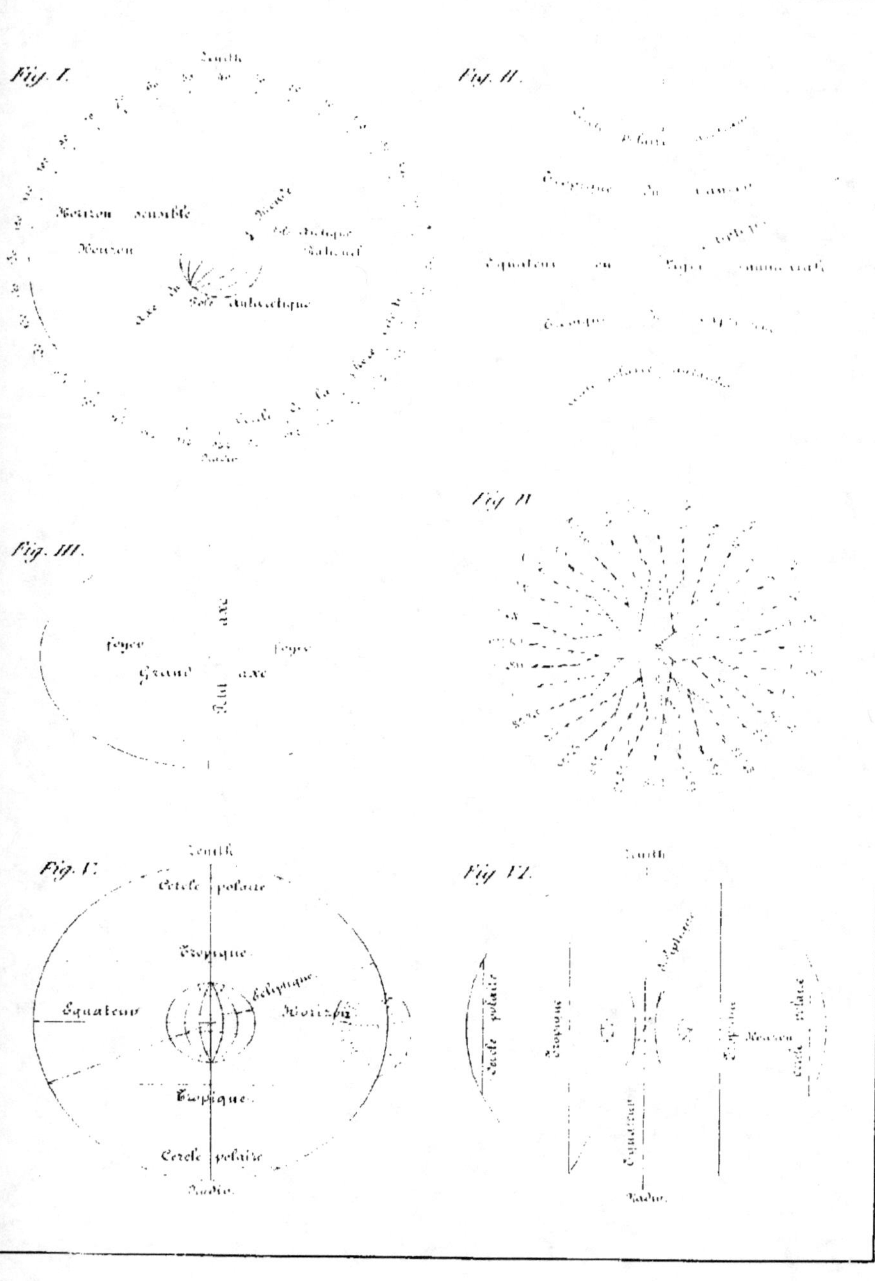
Fig. I.
Zenith
Horizon sensible
Horizon
Pôle Antarctique
Nadir
Fig. II.
Equateur ou Foyer commun
Fig. III.
foyer
Grand axe
Fig. IV
Fig. V.
Zenith
Cercle polaire
Tropique.
Ecliptique
Equateur
Horizon
Tropique.
Cercle polaire
Nadir.
Fig. VI.
Zenith
Cercle polaire
Tropique
Equateur
Horizon
Nadir.

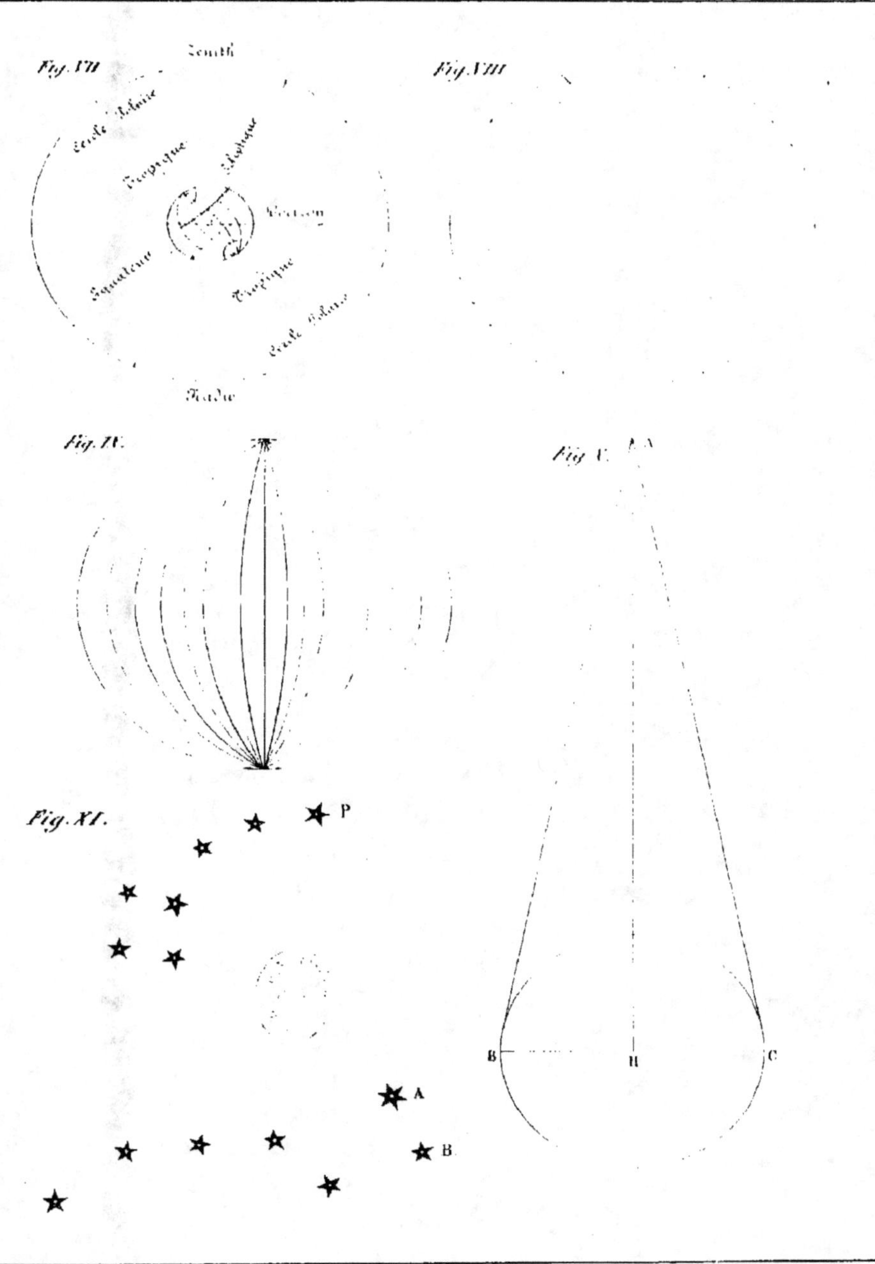
Fig. VII
Zenith
Cercle Polaire
Tropique
Écliptique
Horizon
Equateur
Tropique
Cercle Polaire
Nadir
Fig. VIII
Fig. IV.
Fig. V.
A
B
H
C
Fig. XI.
P
A
B

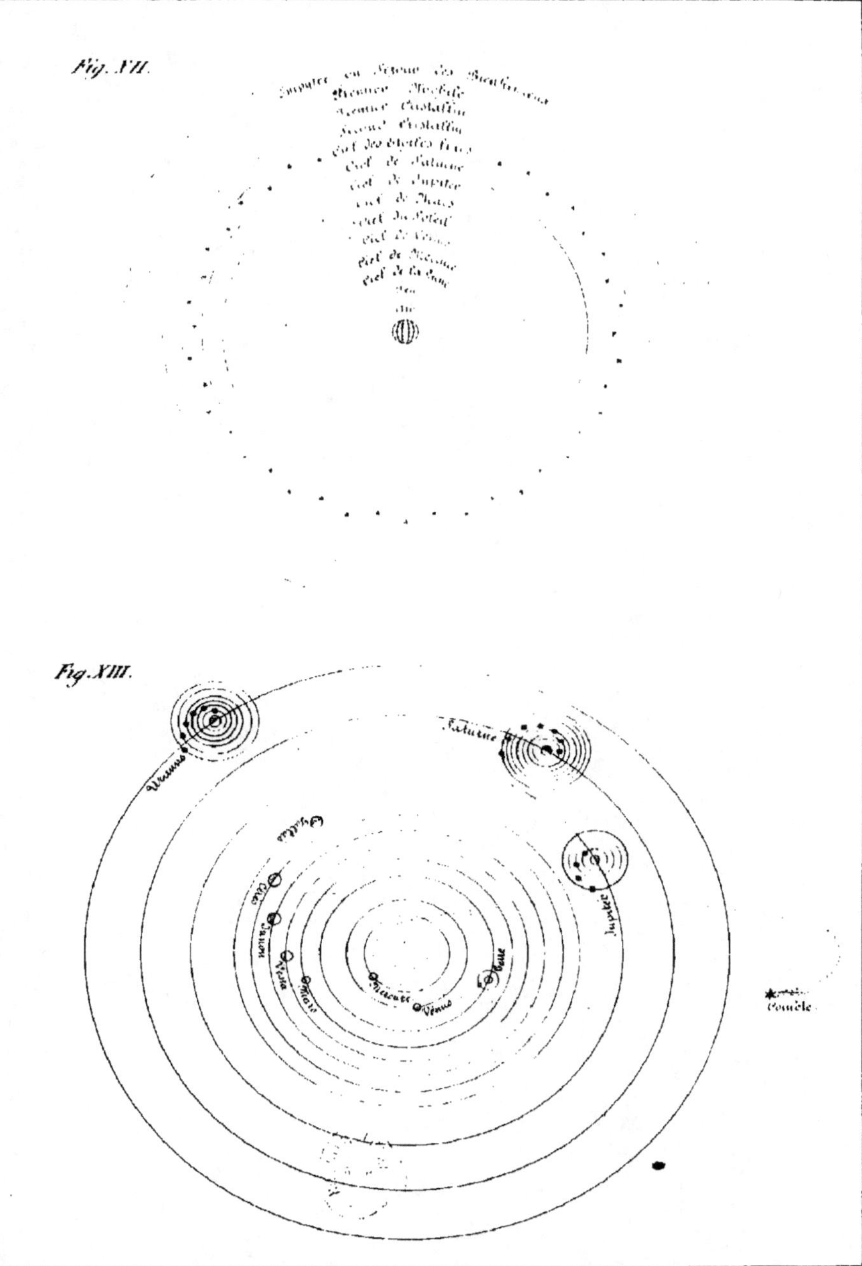
Fig. XII.
Fig. XIII.
Saturne
Jupiter
Vénus
Comète

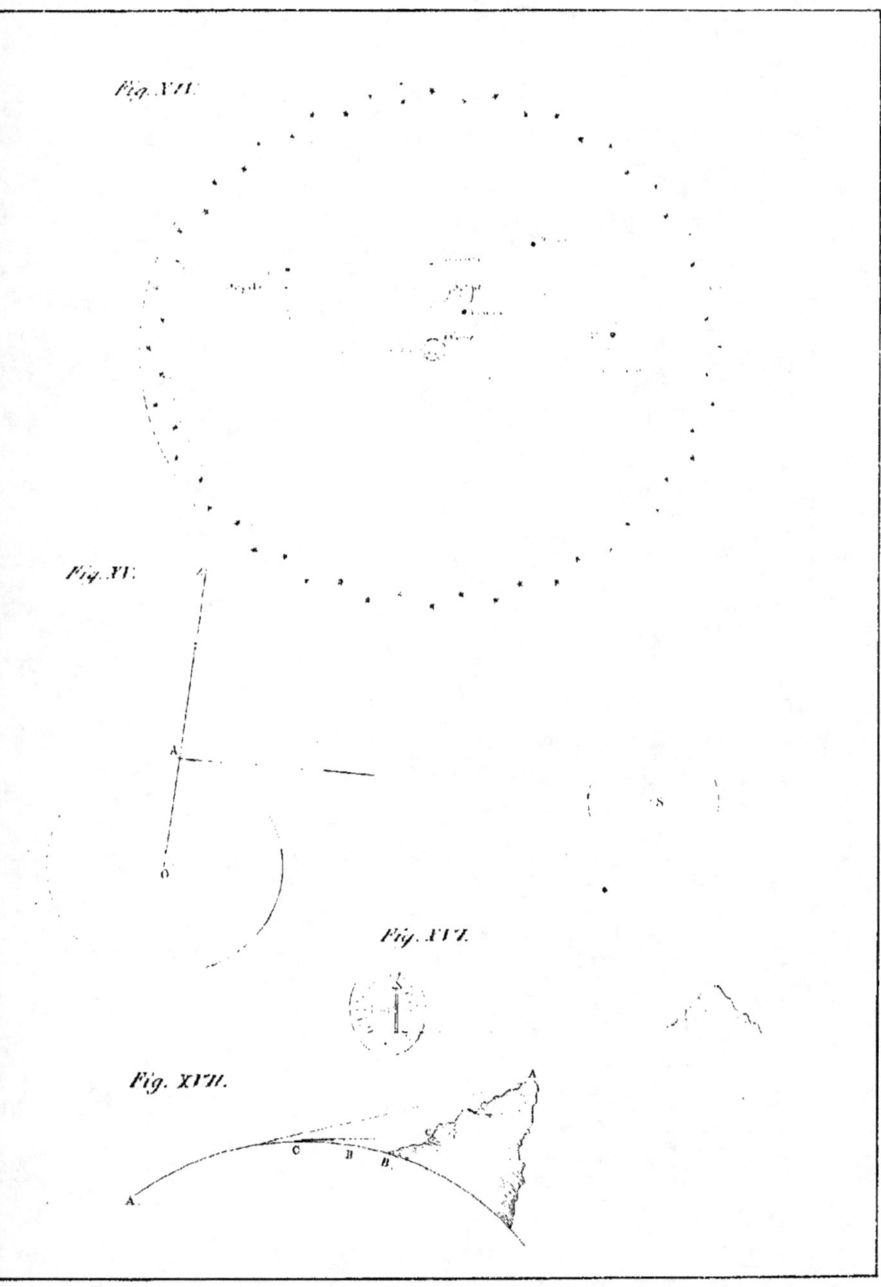
Fig. XIV.
Fig. XV.
A
O
S
Fig. XVI.
Fig. XVII.
A
C
B
B.
C
A.

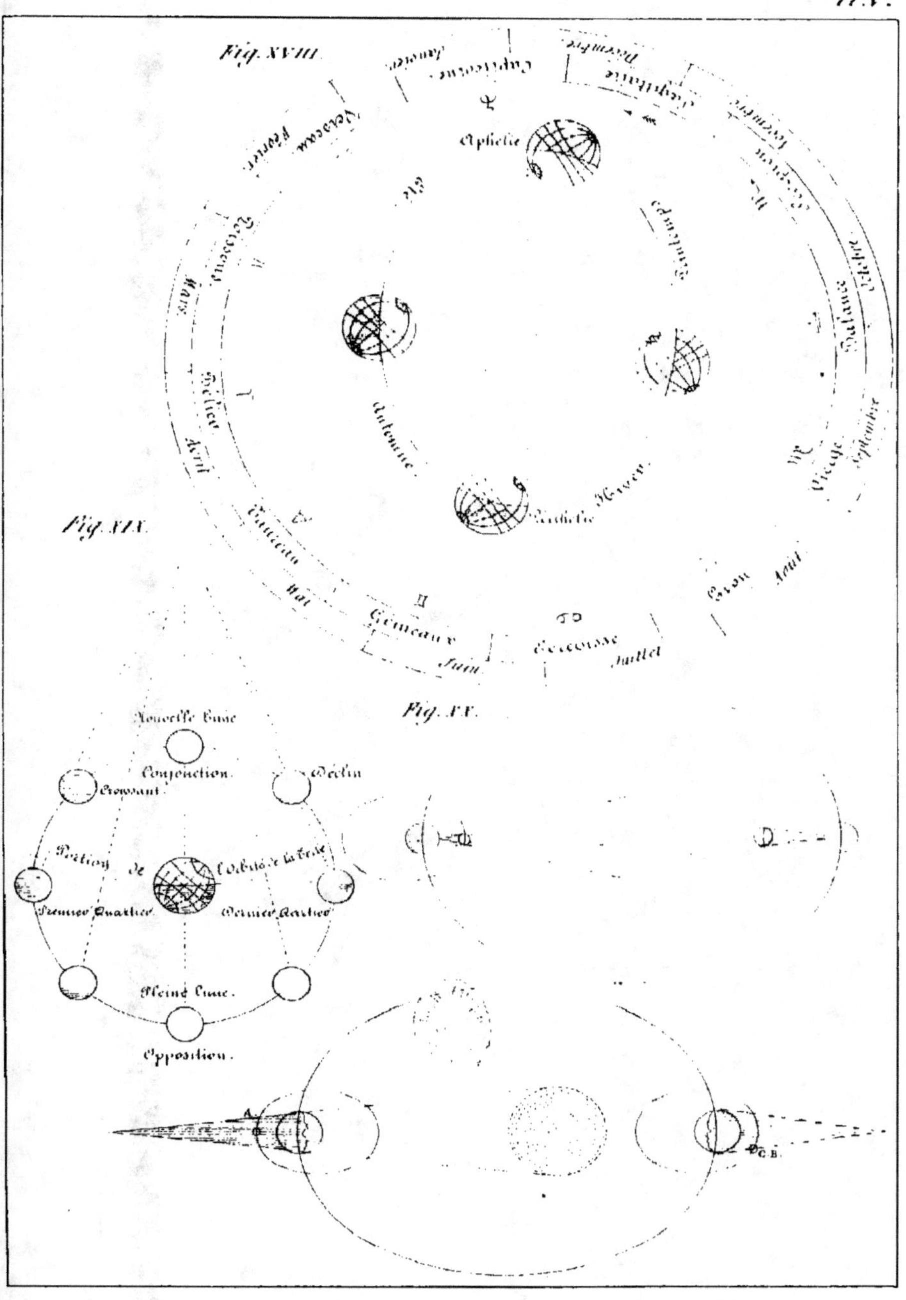
Fig. XVIII.
Fig. XIX.
Nouvelle Lune
Conjonction.
Croissant.
Déclin
Portion de l'Orbite de la Terre
Premier Quartier
Dernier Quartier
Pleine Lune.
Opposition.
Fig. XX.

www.ingramcontent.com/pod-product-compliance
Lightning Source LLC
LaVergne TN
LVHW020021170826
845678LV00001B/81

* 9 7 8 2 3 2 9 7 7 6 1 9 4 *